LA VIE DANS L'ÂME
de Yves Navarre
est le quatre cent vingt-quatrième ouvrage
publié chez
VLB ÉDITEUR.

LA VIE DANS L'ÂME

du même auteur

Romans

Lady Black, 1971, Flammarion.
Évolène, 1972, Flammarion.
Les Loukoums, 1973, Flammarion.
Le cœur qui cogne, 1974, Flammarion.
Killer, 1975, Flammarion.
Niagarak, 1976, Livre de poche.
Le Petit Galopin de nos corps, 1977, Laffont.
Kurwenal ou la part des êtres, 1977, Laffont.
Je vis où je m'attache, 1978, Livre de Poche.
Portrait de Julien devant la fenêtre, 1979, Laffont.
Le Temps voulu, 1979, Flammarion.
Le Jardin d'acclimatation, 1980, Flammarion, prix Goncourt 1980.
Biographie, 1981, Flammarion.
Romances sans paroles, 1982, Flammarion.
Premières pages, 1983, Flammarion.
L'Espérance de beaux voyages été/automne, 1984, Flammarion.
L'Espérance de beaux voyages hiver/printemps, 1984, Flammarion.
Louise, 1986, Flammarion.
Une vie de chat, 1986, Albin Michel, prix 30 millions d'amis.
Fête des mères, 1987, Albin Michel.
Romans, un roman, 1988, Albin Michel.
Hôtel Styx, 1989, Albin Michel.
La Terrasse des audiences au moment de l'adieu, 1990, Leméac.
Douce France, 1990, Leméac.
Ce sont amis que vent emporte, 1991, Flammarion.

Théâtre

Théâtre 1 : Il pleut si on tuait papa-maman; Dialogue de sourdes; Freaks Society; Champagne; Les Valises, 1973, Flammarion.
Théâtre 2 : Histoire d'amour; La Guerre des piscines; Lucienne de Carpentras; Les Dernière Clientes, 1976, Flammarion.
Théâtre 3 : September Song; Le Butoir; Vue imprenable sur Paris; Happy End, 1979, Flammarion.

Pour enfants

Plum Parade, ou 24 heures de la vie d'un mini-cirque, 1973, Flammarion.
Mon oncle est un chat, 1981, Éditions de l'Amitié.

YVES NAVARRE

La vie dans l'âme

carnets

le jour,
éditeur

vlb éditeur

VLB ÉDITEUR
1000, rue Amherst, bureau 102
Montréal (Québec)
H2L 3K5
Tél.: (514) 523-1182
Télécopieur: (514) 282-7530

Maquette de la couverture: Violette Vaillancourt

Illustration de la couverture: Gracieuseté de l'auteur

DISTRIBUTEURS EXCLUSIFS:

- Pour le Canada et les États-Unis:
  LES MESSAGERIES ADP*
  955, rue Amherst, Montréal H2L 3K4
  Tél.: (514) 523-1182
  Télécopieur: (514) 521-4434
  * Filiale de Sogides Ltée

- Pour la Belgique et le Luxembourg:
  PRESSES DE BELGIQUE S.A.
  Boulevard de l'Europe 117
  8-1301 Wavre
  Tél.: (10) 41-59-66
       (10) 41-78-50
  Télécopieur: (10) 41-20-24

- Pour la Suisse:
  TRANSAT S.A.
  Route du Grand-Lancy, 2, C.P. 125, 1211 Genève 26
  Tél.: (41-22) 42-77-40
  Télécopieur: (41-22) 43-46-46

- Pour la France et les autres pays:
  INTER FORUM
  13, rue de la Glacière, 75624 Paris Cédex 13
  Tél.: (33.1) 43.37.11.80
  Télécopieur: (33.1) 43.31.88.15
  Télex: 250055 Forum Paris

Dépôt légal — 1er trimestre 1992
Bibliothèque nationale du Québec

Merci à

Johanne B. et Lisette G.; Gilles T.; Christian N. et Roc G.; Roseline B.; Normand M. et Bruno; Nicole, de Terrebonne; Jacques D.; Jacqueline P.; Frédérique S.; Françoise C.; Odette, Jean-François, Mitis et Jean P.; Serge L.; Robert, de S.B.; Marie M.; Francine LP.; Jean-Roch B.; Anne D.; Renaud S.P.; Yolande T.; Jean-Paul T.; Lise et Paul; Anne C.; Richard D.; Céline G.; Mark D.; Alan B.; Fabrizio, Jean-Claude et Jiepolo; Normand S.; Dominique B.; Michel L.; Nicole G.; Suzanne G.; Yolande T. bis; François L.; Gilles B.; Sylvie, d'Outremont; Andrew Q.; Jean V.; Michelle P.; Diane M.-L.; Anonyme, de Québec, un vingt-quatre novembre; Jean-Gaston M.; Claude; Marco L.; Yvon B.; Alan B., bis; Lucienne L.; Christine L.; Claire d'A.; Louis-Philippe et Kashew; Denis B.; Laurence B.; Claudette M.; Michel G.; Karine la policière; Francine LP., bis; Jean-Luc G.; Lise sans nom; Anne-Marie C.; Raymond L., du Japon; Roger B.; Suzanne M.; Eugène ALMM.; Paul O.; Louise E.A.; Marie-Madeleine R.; Martine B.; Normand et Robert; Marc, Laurent et Guimauve; Jean-Luc E.; sans oublier Michèle R.; Denise O.M.; à toutes et à tous je donne mon cœur en ex-voto. Et à Jacques L.

Préface

Il lit, j'écoute

L a première fois que je suis entré chez Yves Navarre, dans le quartier des mauvais garçons, vers 16 heures un jeudi de septembre, il était déjà à terminer l'écriture (à la plume, encre bleue, papier vélin Lalo) du premier carnet. Un mot au téléphone, deux jours plus tôt, lui proposant un carnet au *Devoir*, une proposition à peine articulée, et tout était conclu. Accepte-t-il? Ma question ne se posait pas...

J'allai le voir, ce jeudi-là; attention, chat fugueur! bonjour, ton de complicité polie, je bus un thé, je me retrouvai au jardin... alors qu'il terminait le *Carnet 1*, et qu'il n'y avait rien à négocier, c'était entendu. Toutes les habitudes allaient lentement se prendre...

La lecture du carnet, premier et grand rite. Chaque phrase bien pesée dans sa voix insinuante. Un arrêt, parfois. Un sourire; un rire. Des cigarettes aussi vite écrasées au fond du cendrier qu'allumées. Puis la remise du carnet dans une grande chemise grise, puis dans une grande enveloppe blonde avec tout plein de marques d'estampes déjà là, étoiles, flèches, empreintes de pieds, des *Attention*, des *Fragile*, des *Confidentiel*, des *Express*, des *Yves à Robert*, un toucan et des profils de chats. Les chats! Les deux chats, le Français Tybalt au poil court, et celui de Rachel Est, Tibère au poil fou.

Tibère avait alors deux mois. Rappelez-vous la coquille du premier carnet imprimé, fabuleuse coquille qui priva de son *s* le mot mois: «Et Tibère, deux moi.» Tibère passa tout le temps de la lecture du *Carnet 1* à virevolter dans mes mains. J'écoutais. Dans la maison aux plafonds bas. Dans l'odeur du jardin qui entrait par la cuisine. Assis sur le tabouret près du massif bureau aux vingt petits tiroirs. Du calme, Yves... Je pensai que Tibère allait avoir 14 mois au *Carnet 52*...

J'avais vaguement en tête, me rendant chez Navarre ce jour-là en ne sachant pas si ma proposition tiendrait, le «modèle Bernard Frank» du carnet d'écrivain. Modèle de la digression longue et des digressions courtes, où l'on passe d'un vieux Bordeaux à une jeune cuvée romanesque, d'une définition au dictionnaire à un voyage en bateau, dérive et délire, au mieux le génie des liens inespérés, au pire un radotage inattendu et très cultivé.

Je quittai Navarre, et Tibère et Tybalt, ce jour-là, avec sous le bras *La vie dans l'âme*, le modèle Yves Navarre du carnet. Haute couture d'un journal qui s'ouvrait à l'évocation de la voix d'une Reine de la nuit et qui allait se fermer tout doucement, un an plus tard, passés les soubresauts, avec le bonjour des simples, ce bonjour de Tibère de Rachel Est qui clôt le *Carnet 52* en soupirant: «c'était trop bon pour être vrai.»

Yves Navarre, que je connaissais surtout comme l'auteur des *Loukoums*, le roman français le plus sidérant des années soixante-dix, allait donner à cette initiative d'installer au *Devoir* un carnet annuel d'écrivain le coup d'envoi et la première réussite, l'ouverture remarquable. «Le carnet de Navarre», qui allait très vite avoir ses détracteurs (sans cela est-ce réussi?) et beaucoup de supporters, allait vite susciter un courrier, un mot, une page, que les *aficionados* de l'intime postaient au journal ou chez lui.

Le carnet comme forme déployée du journal intime. C'est cela le modèle Yves Navarre. Ajusté aux confidences, ouvert aux impressions, coupé au ras des joies, vives, courtes, légères, relevé sous les drames, soudain graves, aussi vifs aussi courts, piqué parfois de pathétisme, «bribes et vrac»; signé d'un graffiti aperçu. Pour «ce Carnet, qui a remplacé mon journal intime», il s'agissait de souffler sur des braises, non sur des cendres, décréta-t-il au *Carnet 36*.

Qui a écrit «il y a des jours où l'on écrit douceur et on lit douleur?» c'est Navarre, qui écrit, toujours… Entrelacs de fiction et de réalité, est-ce vrai? de phrases des autres et de mots de lui, Cocteau & Co. et vice versa, ses carnets sont devenus, en cours de samedis, les madrigaux du temps qui va, chansons des rues de Montréal, cris de la vie, inflexions des routes, la petite musique de nuit d'un homme éveillé — et veillé par les Reines et les Rois, celles et ceux qui ne dorment jamais pour vivre peut-être un peu plus toujours…

Lorsque je n'allais pas dans le quartier des mauvais garçons, Yves Navarre arrivait au journal. Sa casquette, son grand manteau, son sac en papier et à poignée, il arrive comme un enfant perdu. Timidité des écrivains, il semblait pressé, il passe, il est au bout de ses forces. C'est qu'il allait me lire le carnet. Angoisse du plaisir. Plaisir d'angoisse. Tout s'entrechoque sur la terrasse de l'audience au moment de la lecture. Une chaise d'un collègue absent. Le cendrier d'une collègue. Il sort de son sac de grand magasin l'enveloppe blonde estampillée, de laquelle il sort la chemise grise marquée *Carnet 16* («Le Monsieur Navarre ça me gêne toujours») ou *Carnet 22* («Rimbaud est avec nous ce matin») ou *Carnet 33* («Lettre à un poète, à Richard Desjardins») ou *38* («Un dire de Cocteau: Trente ans après ma mort, je me retirerai fortune faite»), je tire mon tiroir glissant, on y dépose les cinq feuilles tracées de bleu; côte à côte il lit j'écoute.

Il y eut la crise du Golfe, la guerre du Golfe, le voyage de noces de Michèle Richard, Walesa l'ivrogne du pape, la TPS pour les yaourts à boire, le lac Après-Meech, le terrible *Carnet 10* aux chers parents, le fameux *Carnet 41* (le rein volé) qui lui vaudra d'être assailli par les reporters des chiens écrasés; il y eut aussi Venise Barbelée, l'ombre de René Char, Gorbi-la-Vacille (*Carnet 32*, avril 1991), le Topaze de Greta, le pouce de la marche empiétant sur le trottoir, un vieillard pianiste jouant la pathétique, des colères jalouses contre les constructions pâtissières de

Modiano (là, j'ai pas suivi), et toujours, vaillants seconds rôles et habiles faire-valoir, Patapoum et Patavan, mieux connus sous leurs noms de Tybalt et Tibère, ces Laurel et Hardy de la race féline, ces Bouvard et Pécuchet de la litière, ces Guilderstein et Rosencrantz de la chatière, les Quick et Flupke du feuilleton animé, à la vie dans l'âme.

ROBERT LÉVESQUE

Carnet 1

MA «REINE DE LA NUIT», c'est Myra Cree, sur 100,7 FM, elle m'embarque chaque tout-petit matin, entre zéro heure zéro minute et les bras de Morphée-de-Montréal, pour Cythère, si tard le soir, seconde partie de la nuit.

Elle m'attend sur la table de chevet, secret de la radio, à la meilleure heure «d'écoute», l'heure des célibataires; l'heure des paumés; l'heure des amoureux qui ne comprendront jamais qu'il ne faut surtout rien attendre ni personne; l'heure des boulangers à l'ouvrage des brioches; l'heure où ça tangue bel et bon.

On voudrait alors n'écouter que de la musique douce, porter attention à telle ou telle lecture en cours, et on ne peut plus ne pas guetter la voix de la grande Myra, est-ce Milva? Oswald? Gréco?, autres divines de la voix humaine, non c'est elle, unique en son genre qui n'a-pas-de-genre, et railleuse, grave, ironique, détachée, attachante, souveraine, savante et jamais pédante.

En 16 mois de liaison quotidienne, un record dans mes annales amoureuses, j'en ai 10 fois plus appris sur la musique, toutes les musiques, et découvert, qu'en 50 ans d'apprentissage fervent.

Et elle me fait rire. Moi aussi. Elle ne sait même pas que je lui ai livré, à sa demande, une «pensée intime»: «Il n'y a pas plus mal élevés que les gens bien éduqués». Elle a pouffé à l'antenne.

Moi, la tête dans l'oreiller, je jubilais. Notez bien qu'il faut vivre son embarquement avec un papier et un crayon à portée de la main, ruineuse diva des ondes qui donne jusqu'aux références des CD que, d'un coup de voix magique, elle rend trouvables. Dispendieuse et rieuse maîtresse, voici le bonjour d'un amour qui, par votre connaissance et votre humour, ne se consomme que sur les ondes. Hélas?

Après Meech, entre Oka et le Golfe, l'Afrique du Sud et le Libéria, lu dans *René Char en ses poèmes* de Paul Veyne aux Éditions Gallimard (le rayon haute couture de la littérature): il savait coexister avec «le commerce des rusés et le bonjour des simples» page 16 et il y en a 526. Une phrase comme ça, ça vous tombe dessus, ça vous dit tout.

Ainsi ai-je quitté Paris-la-Rusée et ses commerces meurtriers, pour un pays où l'on dit simplement bonjour, quittant le vieux pays qui en est toujours au chagrin du bonsoir. À lire à petites doses, comme un alcool doux. Voilà pour restaurer en cette fin de siècle. Les poètes auront toujours le premier mot. Laissons le dernier à la ruse.

Telle libraire me demande de lui rendre visite. J'exécute simplement, le simple bonjour, le merci infiniment, écrire, c'est infinir. Lorsqu'elle apprend que je vis désormais à Montréal (seconde ville francophone du monde, la langue française est mon identité), elle me lance un hystérique: «Eh bien, je suis prête à parier que vous ne passerez pas deux hivers.» Je réponds: «À parier quoi? Vos droits d'auteur?» J'ai souri: «D'accord, mais je vous préviens, vous n'aurez pas grand-chose.»

Renseignements pris, elle aussi vient du «vieux pays». Voici venir l'automne. J'attends l'hiver. Et si elle se fâche pour le ci-dessus hystérique, qu'elle se tienne pour dit que les hommes aussi ont un et de l'hyster. Hommage, dommage, à tantôt?

Au théâtre du Café de la Place, à 20 heures précises, pas d'entracte, jusqu'au 20 octobre, il faut aller s'abandonner au charme, à la vigueur et à la mémoire à venir de *Voix parallèles*. Hélène Loiselle, Pauline Julien chantent et disent des textes de «la province des textes», des textes d'origine, de racines, des musiques que l'on fredonne en silence, les mots des laissés-pour-marge, les mots de l'esprit libre quand toute liberté est encore, et toujours, à gagner.

Le périlleux montage est l'œuvre de Claude Poissant. C'est déconcertant, pertinent dans le brossage d'un langage alerte, un emploi et un exploit tout entiers à la forge d'une identité: pour la francophonie, le «rêve américain», c'est le Québec.

De récents habitués des colloques et coquetèles & Co., croûtons de l'écrit (cette reproduction plate du réel) et non de l'écriture (cette irremplaçable réalité en soi), n'y ont même pas pensé, au grand dam d'une amie qui assista avec scrupule et désespoir aux séances pontifiantes au cours desquelles chacun ne parlait que de lui-même. Ici. À Montréal. C'est-y possible.

Inespérément ces lignes. Antonine (Gonquoi? 1979) est d'Acadie. Yves (Gonquoi? 1980) est de Gascogne. Chacune, chacun, quand elle ou il est ce qu'elle ou il est (gare à celle ou celui qui dit «je» sans jouer), est toujours à se refaire des racines que coupent les fonctionnaires de l'esprit et de la langue, à tenter d'habiter son nom, à se dire «que le risque soit ta clarté», R. Char encore. Char et Miron, Rimbaud et Nelligan, Gabrielle Roy et Yourcenar, même combat. Qui se souviendra de Blandine Crepin, Venise Omni-Média, Suzette Pompon ou Fanfan La Touche dans un mois, dans un an?

J'oubliais le pianiste et le violoncelliste des convergentes *Voix parallèles* du théâtre du Café de la Place. La mise en scène de Lorraine Pintal est un beau clair-obscur. Tiens, Tybalt mon chat vient de rentrer. Il va pleuvoir. La vigne vierge pousse presque à vue d'œil, une belle fin d'été. Un roman en cours m'attend. Ce premier carnet sera publié le jour de mes 50 ans. Ni fleurs ni cadeaux, de la bonne humeur. C'est le chat qui invite. Et Tibère, deux moi, qui vient de Rachel Est, à ne pas confondre avec Mae West. Ici ça butine. Écrire: crier et rire. La vie dans l'âme.

Le 22 septembre.

Carnet 2

LU DANS LE POÈME «Courtepointes» écrit par Gaston Miron, illustré par James Guitet, publié en 1977, page 13, «c'est mon affaire, la terre et moi, flanc contre flanc, je prends sur moi, de ne pas mourir». Voilà pour m'embarquer: le poète inaugure. Plus loin, page 27, «ces mots nous regardent, ils nous demandent de partir avec eux, jusqu'à perte de vue». Voilà pour me régaler: le poète restaure.

Lu dans l'édition format de poche, page 393 de *La Détresse et l'Enchantement* de Gabrielle Roy, «seule l'affection, je le sais maintenant depuis longtemps, peut me porter à ce degré de confiance où je ne crains plus la vie. Et alors, j'ose m'élancer dans ce travail sans fin, sans rivage, sans véritable but, au fond, qu'est l'écriture». La rentrée littéraire est là. Du moins, c'est la mienne, elle me gratifie, elle me tient debout, avec elle «ça va» du verbe *aller*. Une éternité des textes qui ne transigent pas.

Mais pourquoi publier en si petits caractères dès qu'il ne s'agit plus de l'édition originale? Donc, pour l'accès à la culture il faut avoir de très bons yeux, une loupe ou des gros moyens finan-

ciers. J'insiste: le texte d'une écrivaine (décidément quel vilain mot, quelle aberration du fémi-
nisme en bottes de plomb) ou d'un écrivain hors
jeu, hors je, hors d'elle ou de lui-même, sera toujours à son entrée de secours, si peu une habituelle rentrée littéraire, les pépites sont devenues
rares, les universités, en plus, d'ici ou de là-bas,
nous ont trop habitués à adorer des cadavres et à
leur faire dire (fascisme ordinaire, ce «faire-dire»)
ce qu'ils ou elles n'ont pas écrit ou voulu exprimer. Allons au plus corporel de la lecture, un
corps à corps dans les draps des pages, et réjouissons-nous d'un Miron si méconnu encore, d'une
Gabrielle Roy qui, pour un peu d'attention et de
jouissance, vous entraînera de la première neige
au printemps vaillant sans que vous vous en ren-
diez compte.

Et les exemples abondent. La terre ici est
féconde. Le monde peut tourner autour du Québec, ce bastion d'une liberté qui se nomme, alors
que le monde itou, marketing et superbes de chapelles, interdit ou gomme tout. Les amis et amies
de lecture, celles et ceux qui arrivent pour la première fois (richesse de la revue *XYZ*) et celles et
ceux qui sont toujours au point de départ de la
lecture, cette aventure, cet amour fou, liaisons
fastueuses qui nous permettent d'être ce que
nous sommes, de devenir ce que nous fûmes
avant que, «formés», «instruits», on ne nous
«déformât». Est-ce trop dire? Je me fais un sang
d'encre, je n'ai de passion que pour ce qui est
«encré». Ici au Québec, immigrant reçu, sur le

déjà tard de ma vie, je suis comblé, assailli, plus jeune que jamais, enthousiasmé. Même si certains proches (et la perversité va surtout se nicher dans certaines attentions annoncées) attendent «le second hiver» et se disent «ce salon-là ne tiendra pas». Ce con-là?

Impossible d'éviter Michèle Richard. Il y a le Golfe (Saddam Hussein me fait frémir, je pense à Staline en train de dire «à la fin il n'y a que la mort qui gagne», un million de morts Irak-Iran en témoigneraient-ils?), le golf d'Oka, bravo monsieur le maire, vous le vouliez votre 18 trous, et la courageuse mini-poupette de service, fille de Ti-Blanc, qui s'accroche à ses faux-cils et à ses formes devenues vagues, avec une ardeur qui pourrait émouvoir si le spectacle n'était pas si ridiculement agencé. Impossible de ne pas lire en allant acheter son journal les «je me fiance», «je me marie», «voici ma robe de mariée», «le mariage et tous les invités». La suite pour l'automne et l'hiver? «J'attends un enfant», «l'enfant impossible», puis «je vais adopter un enfant», et «on veut rapter l'enfant que j'adopte», «tous les secrets sur la rançon».

On est loin du populaire tel que Brecht (ah, le beau *Galilée* du TNM) l'entendait, lui qui fut si souvent immigrant non reçu, jusque dans son propre pays. Qui a maquillé Michèle Richard le jour de son mariage? Hommage. Montréal a, décidément, le plus beau musée d'architecture du monde.

Un télégramme de Paris-la-Fouineuse. Madelin Fantoche me propose une longue entrevue avec Cybèle Pia-Pia (ex-Nouvel-Obscénité) sur *Y.N.*, *exilé volontaire*. J'ai répondu «Paris m'était un exil».

Alouettes du Québec, prenez garde au miroir parisien.

En attendant la nouvelle mise en scène d'Alice Ronfard, le nouveau ballet des *La La la Human Steps*, un autre concert des musiques de Claude Vivier, je suis allé à la Galerie Michel Tétreault, au 1192 Beaudry, Jacques Payette y expose ses nouvelles toiles jusqu'au 20 octobre, tél. 521-2141 pour les horaires. On parlera bientôt de Montréal comme on parlait de New York City dans les années 60. Payette est le pur et simple produit d'un climat d'émulation et de ferveur. On peut aimer ses portraits de couples, saisissants face à face, de profil («un profil seul dit la vérité», m'expliquait ma grand-mère devant un tableau de Piero della Francesca à Urbino); on peut s'émouvoir de ses photos captatrices qui échappent à la mise en scène; on peut et on doit s'émerveiller des nids, des paysages, de ses enfants rêveurs. Le lyrisme passe. Le trait est majeur. La légion des Payette, Dorion, Scott, Valois, Evergon, Vincent s'avance.

Il pleut. On voudrait toujours pouvoir en dire plus et le dire mieux.

À noter, chapeau, la mobilisation des hommes d'affaires pour le Québec, la détermination d'un Serge Saucier, «cette fois le Canada anglais va devoir écouter». Il se dit, comme tant d'autres collègues, prêt à «repartir en croisade». Voilà pour l'exemplaire et la cohérence. Les politiciens parfois somnolent. Les voici tancés. La danse du silence de l'après-Meech a cessé. Non, mais!

Le 29 septembre.

Carnet 3

LA VOIX EST CLAIRE, le message est simple. Dans *Maintenant ou jamais!*, récemment publié chez Stanké, Pierre Bourgault n'utilise ni la feinte ni l'emphase. Il ne se prend pas pour le Camille Desmoulins du carré Saint-Louis. Pour parler de l'inespéré «après-Meech» (ce lac qui a servi d'inutile bouteille d'encre pendant trois ans), Bourgault a trouvé le ton juste, celui qui ne fait pas appel à l'apparente éloquence. Qui me fit disserter un jour sur le thème «il n'y a que les murmures pour être entendus et que le quotidien pour modifier le quotidien»? De qui était la citation, Mounier, la revue *Esprit*, le milieu des années 50, une réaction contre le superbe marketing sartrien qui, somme toute, ne menait nulle part? Le texte de Bourgault, renaissance d'un rêve d'éternelle jeunesse, a la violence de sa tranquillité, la ferveur de son constat. Pas d'éclat, pas d'esbroufe. Rien n'y est martelé pour les «oh!» et les «ah!» des amateurs de lyrisme politicien. Ce n'est ni un essai ni une harangue, mais une prise de parole de la militance quand elle a l'humilité et la ténacité de s'en tenir à l'état naissant, celui du désir collectif à son degré le plus vif.

Voilà beaucoup d'honneur rendu à la modestie et à l'absence totale, heureuse absence, de recours à la formulation artificielle et épatante. C'est devenu rare à une époque où la manufacture des idées produit tant de bombes qui ne sont que pétards mouillés. En sa demeure textuelle, Pierre Bourgault nous dit purement une conviction, son histoire, son évidence et son avenir. Il n'y aura que les «fines bouches» pour ne pas écouter cette voix qui, en fait, exploite, s'adresse, sans jamais rien imposer, au plus grand nombre. Enfin, sur l'épineux sujet dont on aurait tort de se lasser, un livre souverain dans tous les sens du terme et qui pose les vraies questions. Le romancier alors salue le guide, la visite est gratifiante, on ne vous a pas raconté d'histoires, on vous a simplement dit maintenant, ou jamais! et le point d'exclamation fait, une fois n'est pas coutume, vraiment l'exclamation. Dans mon quartier, le fief de Boulerice, il y a encore des drapeaux en berne. N'attendons pas que l'hiver rude et rieur les fige.

Libre à moi de penser que le soir de la Saint-Jean-Baptiste, Paul Piché et Michel Rivard avaient de l'ardeur, Laurence Jalbert de la contenance, Gilles Vigneault une bouleversante dignité et Diane Dufresne un sens de la révérence un peu trop guindé et calculé. On est militant ou on ne l'est pas. On naît militant.

Ce *Carnet* est écrit à main nue, un manuscrit comme on dit. C'est que ma main gauche ne répond plus depuis des années aux exigences de la «machine à écrire» (qui porte bien son nom).

Merci donc à celle ou celui qui se fait un devoir (!) de retranscrire ces *Carnets*. D'où d'inévitables coquilles. J'aurais pu ne pas le mentionner mais parfois le cocasse l'emporte sur la maniaquerie. Ainsi dans le *Carnet 2*, je qualifiais Michèle Richard de mini-Pounette (un hommage à la Poune) et c'est devenu mini-poupette. Un peu plus en aval, en lieu de «ce salon-là ne tiendra pas» il fallait (?) lire «ce colon-là ne tiendra pas». Le «ce con-là?» qui suivait prenait alors toute sa signification; con, le mot *con*, serait-il la contraction du mot *colon*? On est toujours plus ou moins le colon de l'autre, «et gare à toi» m'a dit une amie de Chicoutimi (Chicoutimi: jusqu'où l'eau est profonde), «avec tes *Carnets,* n'achale pas, va pas trop loin».

Rubrique Michèle Richard, la réalité est allée plus vite que mes fictions de manchettes de journaux. *Action police,* volume 1, n° 30, du 29 septembre au 12 octobre, titre, «Orgie d'homosexuels au mariage de Michèle Richard.» Je n'aurais pas osé y penser. Cela m'a remis en mémoire la déclaration d'une auteure écrivaine en faveur, au printemps dernier, «quand j'écris, je trempe mon stylo dans mes tripes». Pouah! et tel homme politique, courageux ou juvénile?, se faisant photographier au volant de sa voiture, ceinture de sécurité bien bouclée, après une valeureuse démission, déclarant «je reprends le volant de ma vie». On est loin de Bourgault. Les mots ont de la dignité. La poutine peut avoir la qualité des grands mets.

Entendu sur Radio-Canada, tôt le matin, une voix joyeuse lancer en tout début d'émission, «hors du parisianisme, point de salut; et hors du montréalisme, point de salut non plus». Paris a ses chapelles d'intellos, Montréal a ses gangs de rancuniers, alouettes prises au piège. C'est ici et maintenant qu'il faut vivre, maintenant ou jamais! Comme dit Bourgault.

Quand je passe rue Viger Est devant l'Union Française (majuscules?), je tourne la tête vers le fleuve. J'ai un peu de honte. Non pour la France, aussi belle que le Québec, aussi variée, complexe et féconde, mais pour Paris qui ne «vote pas» les crédits nécessaires à la pure et simple réhabilitation d'un des plus beaux immeubles de Montréal. Un minimum de respect, messieurs les fonctionnaires de la francophonie. L'immeuble de la rue Viger Est, en l'état actuel, ressemble à un réfectoire de couvent désaffecté. Ce devrait être un beau lieu de rencontres et non plus, à l'abandon, un symbole de «mésentente cordiale». L'entente doit régner. Ce lieu restauré aurait de l'emploi, de l'exploit. Qui décide quoi? Et quand? Cela urge.

L'automne vire à l'hiver. Le vent mordille déjà comme un chaton, le soleil bascule, faut-il tondre la pelouse du petit jardin avant les grands froids, la main gauche tremble avec sa cigarette, la main droite hésite avec le stylo, il y aura toujours assez d'amis pour l'entendement, l'esquisse est plus belle que l'œuvre achevée. L'humain aura toujours le mot naissant.

Le 6 octobre.

Carnet 4

SUR UN DESSIN représentant un enfant couché dans l'herbe, rêve-t-il de voler comme un planeur? On est toujours l'Icare de ses rêves de gosse, l'ami a écrit en guise de vœux de mes 50 berges, *il n'y a pas de cadeau, il n'y a pas d'échange, il n'y a que des gestes, des mots, des images qui changent de main et qui n'appartiennent à personne.* Voilà pour l'esprit libre qui règne ici, les pires chagrins et jalousies allant de front, hélas, avec les vraies libertés d'expression. Comme me l'écrit Nicole, de Terrebonne, *parfois, nous aussi, on se dit «la culture en prend pour son rhume».*

Dernière minute, et maudit soit le virus qui m'a empêché d'aller voir par trois fois ce spectacle, mais il est encore temps, vous pouvez ce soir, 13 octobre, à 20 h, vous rendre au sanctuaire du Quat'Sous pour donner une bonne main d'applaudissement à... *et Laura ne répondait rien* de René-Daniel Dubois. C'est un texte de bel itinéraire et d'intime confidence qui parle et redonne confiance, de ces chants qui posent les vraies questions: celles qui n'appellent pas de réponse. Ainsi «est-ce que la vie que je mène est celle que je recherchais?» L'instant théâtral, et le metteur en scène Martin

Faucher a bien du tact, résume, esquisse, évoque,
ce que le sentiment a de plus prégnant et mystérieux: l'absence absolue d'attente et de demande. Il
faut voir Janine Sutto, fragile et déterminée, se
dépossédant d'un secret qui la mine. Il faut écouter
Marc Béland, puissant et désemparé, obstiné dans
la découverte de ce que peut signifier le silence
d'une autre personne que soi. C'est de la belle
musique de chambre, subtilement ponctuée par
l'air du marin du *Didon et Énée* de Purcell. Amateurs de portes qui claquent s'abstenir. Friands de
lignes mélodiques et de lyrisme à sa généreuse
mesure, votre soirée est libre?, n'hésitez pas! Maudit virus qui m'a donné du retard. C'est ce soir ou
jamais, ou plus tard. Plus tard?

Avant-dernière minute, et c'est un «must»
comme dirait je sais trop quel bijoutier de Sherbrooke Ouest, il faut aller en face de ladite boutique, au Musée des beaux-arts, avant demain
19 heures, pour admirer la remarquable collection privée (privée de quoi? quel bel ensemble,
quel regard sur l'art!) de l'industriel suisse-alle-
mand Emil G. Bührle. Un beau paysage de
Vétheuil par Claude Monet est à l'origine de la
passion de cet homme et je pense à Platon
lorsqu'il disait, *les objets, patrie de l'âme,* et
lorsqu'il parlait de la contemplation esthétique
comme de l'art de se souvenir de la beauté
connue autrefois. Un souvenir à venir, demain
encore. Il faut voir tels chefs-d'œuvre de Manet,
Van Gogh, Cézanne, bien sûr et la publicité de
cette exposition pour être bien faite n'en était pas
moins pour prêter à confusion, car c'est du

regard d'un collectionneur qu'il s'agit et il faut voir le Greuze, le Fantin-Latour, les deux Franz Marc, un étrange Toulouse-Lautrec, un ahurissant paysage de Renoir, un Wassily Kandinsky de 1903 (!!!): tout y est exceptionnellement réuni pour la connaissance et l'émotion. Ça coûte moins cher que d'aller voir ces 85 tableaux à Zurich. Ils sont à Montréal. Et ils ne font pas que passer: le catalogue, fort bien imprimé et rédigé, n'est pas, une fois n'est pas coutume, trop dispendieux. *Un regard passionné*, titre de l'exposition, n'a pas de prix. Bon dimanche.

Un regard tout aussi passionné, et dans le temps présent cette fois, le «contemporain» qui peut être si facilement décrié ou mondain, est celui que porte Claude Gosselin sur tout ce qui se crée ici ou ailleurs. Les Cent Jours n'existent plus. Et voilà que le CIAC frappe par trois fois (lui concédera-t-on enfin les locaux qui lui reviennent d'esprit et d'initiative, le vote est pour bientôt?) dans un labyrinthe de salles, le plus simple est d'entrer par le 3576 avenue du Parc, et de se perdre dans une multitude d'espaces privilégiés où se côtoient Dominique Blain, Beuys, Rauschenberg, Goodwin et tant d'autres. Et ne surtout pas manquer la rétrospective des œuvres de Fernand Leduc, leçon en soi de toute une vie d'artiste. Cette fois vous avez le temps. L'événement fera d'étonnantes mises au point de l'art qui se trame jusqu'au 28 octobre.

À la radio, je viens d'entendre la voix d'Alice Parizeau écorchant l'autre religion, la freudienne, *je n'aime pas l'idée que mon subconscient me gêne. Je n'aime pas me sentir esclave.* Merci Alice pour les bons et beaux moments que nous passerons toujours ensemble. L'écriture perdure. Hommage.

Et voici qu'au Théâtre du Nouveau Monde, René Richard Cyr (que nous verrons bientôt dans la même salle en prédateur plus-vrai-que-vrai de Gauvreau, dans *La Charge*...) nous donne à vivre Molière et son Arnolphe de *L'École des femmes* comme jamais auparavant, surtout pas à la Tragédie Française, pardon la Comédie-Française de Paris-la-Rigolote. Normand Chouinard est bouleversant. Est-il enfin admissible de jouer Molière sans masquer les subtilités de l'auteur par des frivolités? Oui. Encore une fois, bravo au metteur en scène, il donne là au public, au large et bien plus généreux public qu'on ne pense, le juste ton d'un Arnolphe qui n'est pas seulement ridicule. Guy Jodoin est un pertinent «blondin», Anne Dorval est bien belle dans le vent de la fin. Une perfection.

Au Salon du livre ancien, qui n'est pas forcément celui des belles reliures qui font chic à Westmount, mais celui des éditions originales, des textes qui ont déjà été palpés et qui ont fait palpiter, les 27 et 28 octobre à l'Hôtel Maritime, 1155 rue Guy, j'irai en quête des introuvables d'Alice et de son compagnon de départ (rien qu'un départ) Michel Leiris dont je garde en mémoire ces lignes écrites le 16 février 1933, *j'ai l'esprit net, la poitrine calme, il ne me reste rien à faire sinon clore ce carnet, éteindre la lumière, m'allonger, dormir et faire des rêves.*

Le 13 octobre.

Carnet 5

BRAVES DISTRIBUTEURS de pamphlets, qui laissent leurs documentations en travers de la boîte à lettres, l'hiver s'en vient si vite, on descend le matin, la maison est glaciale, les calorifères sont brûlants, l'ordinateur des factures d'Hydro-Québec frétille de joie. On a beau mettre une pancarte, *SVP pas de circulaires, merci,* mais plus on agit, plus on en reçoit. Avec la pancarte, c'est un jeu, une provocation. Dans ma nouvelle maison, je n'ai donc rien placardé. Si j'avais eu à mettre quelque chose c'eût été une formule du genre *dans cette maison, Yves vit les plus beaux jours de sa vie.* Mais ça c'est pour après le jour du grand sommeil. Résultat, avec le froid qui épingle, atchoum, je n'aurai plus qu'à faire des coupes franches dans mes achats de cigarettes (la cigarette dans la main gauche, le stylo dans la main droite) pour payer les factures d'électricité. Les distributeurs de pamphlets devraient être intéressés aux bénéfices d'Hydro-Québec.

Et les dames d'Outremont qui ont des doubles portes d'entrée, «un sas» disent-elles fièrement, de rire dans leurs gorges profondes, les pieds calés dans leurs mules de taffetas mauve.

C'est pas mon genre, les mules, quand bien même ce le fut, pour rire, quand je jouais à Édouard, voir plus loin. Une semaine Westmount, la suivante Outremont. Moi j'ai choisi le quartier des «bons garçons», le Village et ses visages. L'hiver serait plus doux à aborder si les distributeurs de pamphlets, au lieu de travailler à la sauvette, allaient jusqu'au bout de leurs gestes et faisaient tomber leurs messages bariolés à l'intérieur, poum, de la lecture pour minet *senior* et minou *junior*.

Édouard, joué par l'inquiétant et fastueux Jean-Louis Millette, fait partie des dieux de Michel Tremblay. C'est, ce soir, l'ultime représentation de *La Maison suspendue*, une pièce généreuse, plus forte que les rumeurs, puisqu'elle fit salles combles de spectatrices et spectateurs comblés. Pourquoi la mauvaise humeur critique? Le vif talent de Michel Tremblay ferait-il peur, lui dont le substitut dans la pièce avoue *c'est ça que j'ai trouvé: la dérision pour avoir le respect du monde*? Voici Michel Tremblay moins cinglant que dans ses pièces des 20 dernières années, et la critique boude. Alors qu'il est aussi fin que cinglant pour parler de la réconciliation, du ciel, de l'eau, d'un balcon, d'une maison, de générations qui se cognent. Beau monologue de la fin quand la mère va se baigner dans le lac. Un jour, on reverra cette pièce avec dévotion et encore plus de bonheur. Quelle chance également d'être mis en scène par André Brassard, toujours en quête des vrais gestes et des justes regards. Édouard traverse mes rêves en pyjama rose. Je l'ai vu. J'y ai cru. La réconciliation est-elle devenue une offense au public?

Derrière le turban de l'impératrice Grimaldi, la généreuse, le bon cœur ça se perd, j'ai entrevu Léo Ferré chanter ses plus belles chansons pendant 150 minutes «non arrêt», merci, j'ai la phobie des jaseuses et jaseurs de l'entracte. Ferré, c'est un temps à venir encore. Toutes les folies de ses chansons-fleuves ont été dépassées par les outrances de cette fin de siècle et il s'obstine. Il gueule. Ça parle. Même et toujours de Franco et Allende, non! il dit non! Ça fait du bon que quelqu'un le dise ainsi avec des mots de silex et d'étoiles pour la romance: dans *Avec le temps*, j'attends toujours le moment où les parents disent *ne rentre pas tard, surtout ne prend pas froid*. On me l'a dit si souvent. Me revient alors en mémoire cette séquence de *Salo* de Pasolini où la mère, dans la cour d'une ferme, suit son fils emmené par les fascistes, pour lui donner un cache-col. On vit toujours avec ses parents, même et surtout quand ils sont morts, plus personne devant, au suivant. Le troubadour est passé. Il a donné l'alerte et crié l'amour. Il devrait y avoir pour lui un Nobel de la chanson. Il devrait aussi y avoir un Québec souverain pour que Miron reçoive son Nobel, pleinement. Lire Miron (à voix haute) et ne pas se contenter d'en parler. Salut Gaston, frère de nous tous. Le lyrisme passera.

Revenons à la salle Wilfrid-Pelletier (c'est moins pire au Port-Royal, au Maisonneuve et au

Café de la Place) et, qu'il y ait ou non le turban de
l'impératrice Grimaldi, quand on a payé sa place
au parterre, question de ferveur: pour un ballet,
on ne voit que les bras; pour un opéra la scène est
coupée en deux par le voisin de devant; pour un
concert avec soliste il faut faire la tour de Pise.
Fuyez les rangs *F* à *V* qui, en plus, sont dans le
creux. On devrait condamner les architectes du
lieu à assister à plusieurs spectacles d'affilée: ils
deviendraient pognés. Dommage. La salle a de
l'allure.

Où l'on s'amuse en créant? À l'Espace libre,
1945 Fullum, 20 h 30 jusqu'au 27 octobre. Le Nouveau Théâtre expérimental y donne *La Voix
d'Orphée* de (et avec) son *deus ex machina* Jean-
Pierre Ronfard. Ronfard, c'est la mythologie dans
toutes ses évidences, ses impertinences et son
savoir-bouger, savoir-penser, savoir-rire. Expérimental, avec lui, ne flirte pas avec laboratoire,
cénacle ou bocal mais avec Gavroche ou Ubu.
Voici donc une étude théâtrale sur la voix qui,
pour commencer dans un didactisme de bon aloi,
ah ah!, tourne court et verse dans une évocation
vertigineuse (émouvante parfois) de la vie
d'Orphée; quatre remarquables jeunes solistes,
Louise Bouchard, François Langlois, O'neil Langlois, Francine Poitras, chantant *a cappella*, voix
dangereusement nues, sans support orchestral ou
simplement musical, voix qui vont, viennent,
s'éloignent, donnant à cette caserne de pompiers
réhabilitée une profondeur d'enfer véritable. On
en sort regaillardi, gratifié. Rien de distingué

dans cela. On a écouté le chant des muses devenir musique et les premiers mots jamais chantés, *âme, amour*. Et combien les silences diffèrent. Allez-y, comme j'y suis allé, le cœur en bandoulière.

Le roman de Michael Delisle, *Drame privé*, publié aux Herbes rouges, vient de sortir à Paris-qui-sait-aussi-découvrir, aux éditions P.O.L. (Paul Otchakovbsky-Laurens, le Lindon des années 90). Ça fait rudement plaisir. C'est un texte carré, précis, poignant, un modèle de «nouveau romanesque». Saluons l'événement qui mérite hautement un second détour. Aux dernières nouvelles Michèle Richard fait le tour du Maroc à dos de chameau. Elle aura des bleus au retour. Titre: Mes bleus.

Le 20 octobre.

Carnet 6

D'ABORD NON au projet de TPS sur les livres: c'est là un acte culturellement assassin.

Fouette le vent, il va bientôt falloir ratisser les feuilles mortes, et admettre que la nuit tombe de plus en plus vite. On voudrait alors dire des secrets, mais lesquels, faire des pactes, mais avec qui? En automne le vent fait peur, on ne voudrait pas que la féconde solitude vire à un dangereux isolement. «Féconde», «dangereux», gare à la nostalgie, attention Yves aux trémolos mélancos & Co., tisse et trame ton *Carnet 6* (déjà?) sans succomber au charme décoratif des adjectifs.

Fiers Algonquins qui parlent une langue qui remplace nos adjectifs par des verbes et dont les mots n'ont pas de genre, pas de masculin, pas de féminin, seulement la distinction entre l'inanimé et l'animé. Ai-je bien écouté la radio ce matin en faisant mon lit? On est toujours l'écolier de la vie. Au fait, texte veut dire tissu. La preuve: textile, texture. Et de quelle fibre sera ce *Carnet*, petit à petit, de semaine en semaine? Je prends pour devise ce que Camus, Albert, écrivit lors du cuisant échec (orchestré?) de son roman *La Chute*. Je cite, *je ne connais qu'un seul devoir, c'est celui d'aimer*. Il faut chercher la trame, pas le drame, et ne surtout pas donner de coups de rames à celles et ceux (en algonquin les «animés») qui traversent à la nage. Et si parfois, ici, j'aime ce que d'autres ont moins apprécié ou pas du tout, c'est que je suis né dans une autre bouteille d'encre. Le *sans la liberté de blâmer, il n'y a pas d'éloge flatteur*, ne m'enthousiasme guère. La critique est devenue si souvent chagrine et la flatterie trafiquée. De Gaulle disait à une dame aimée (et il les aimait, *ora pro tante Yvonne*, son épouse) qui se plaignait d'avoir de mauvaises critiques pour un ouvrage qu'elle avait commis: *Madame, louange ou blâme, c'est toujours de la réclame*. Donc, match nul. En avant pour quelques impressions. Si ce n'est pas clair, tant mieux, l'émotion s'insère, du verbe s'insérer. Sincérité.

Relire *L'Été 80* de Marguerite Duras, paru aux Éditions de Minuit, offert en guise de message tant et tant de fois aux amies et amis (mes «animés»), un livre-culte, sept textes de Duras en quête hebdomadaire (sept semaines de l'été de Gdansk) d'une vérité historique. J'ai porté l'insigne de *Solidarité* pendant un an, deux ans, certains appelaient ça *la gauche caviar*. Le jour où Walesa reçut le Nobel de la paix fut un des rares jours fastes et heureux de ma vie. Depuis, des murs sont tombés, le monde est tout marchandé, voir plus loin, Walesa honoré par le Vatican, a changé. J'ai vu récemment deux photos de lui dans la presse. Sur la première, il trône dans un

fauteuil, les mains bien à plat, l'air éternel, sancti-
fié, il est déjà président. Sur la seconde, bain de
foule, son visage émerge, il ressemble, comme on
dit en Provence, au *ravi de la crèche*. Et quand
j'apprends qu'il promet à son peuple «le lait et le
miel», alors je me dis qu'il y a de l'Ubu-eau-
bénite pas drôle dans l'air: le pouvoir ou l'éven-
tualité du pouvoir ont un effet pervers sur les
êtres, deviennent-ils tous fous? Inévitablement?
Où en suis-je de ma première ferveur à lire *L'Été
80*? Nous sommes en 90. Les vœux du pape vont-
ils peser lourd dans les choix de la démocratie
polonaise naissante? Rétablissement général du
catéchisme, prières obligatoires dans les écoles,
jusqu'à la récente décision du Sénat interdisant et
pénalisant l'avortement, droit de chacun, en
l'occurrence la femme, à régir sa vie. La Pologne
fut, faut-il le rappeler, un des premiers pays de la
planète à avoir libéralisé l'avortement. C'était en
1956. Pour moi, Walesa n'incarne plus *Solidarité*.
Je souhaite à Mazowiecki d'être élu. Sinon Walesa,
comme Macbeth, verra bien vite «les forêts de
bouleaux en marche». Et Daigle qui fit ici la une
comme Oka? S'agit-il vraiment d'un raccourci?

Côté Golfe, les pays industrialisés, comme
on dit, paient leur infidélité à leurs propres prin-
cipes et leur insouciance politique de la dernière
décennie. Ici, comme partout ailleurs dans le
monde, il y aura du grabuge. Notre croyance (la
croyance des alliés) dans l'innocuité du commerce, et plus particulièrement du commerce des
armes, nous place au bord d'un gouffre. Ferme ta

gueule, et parle plutôt de Michèle Richard. C'est anxieux, elle n'est pas dans les *30 femmes pour l'an 2000* sélectionnées par *Châtelaine*.

Réjouissons-nous plutôt du prochain *Échange* de Claudel au Café de la Place; des *Lettres de la religieuse portugaise* au Quat'Sous, vas-y Arcand; des «bien fines» représentations de *L'Illusion comique* de Corneille au Théâtre Denise-Pelletier; et surtout, surtout, surtout (trois fois, on frappe les trois coups) du retour de *La Charge de l'orignal épormyable* au TNM, version Lalonde, le texte de Gauvreau est pognant, poignant, définitif, de quoi décourager à tout jamais les traîtres en amitié. Qui n'en connaît pas? Qui ne les subit pas? Qui m'a écrit un jour, *pratiquons la seule forme d'amour qui ait encore de l'avenir: l'amitié*. Un fidèle, un tenace, si peu un rapace. Marchands d'armes, marchands d'âmes. Voir plus haut.

Une ombre passe sur ce *Carnet 6*. Je ne sais plus où j'en suis ni où je vais mais je connais la direction. L'aveu est-il recevable dans un monde friand de rigolo et d'épatant?

Qui m'aurait dit il y a 15 ans que la musique de Philip Glass me toucherait à ce point? La scène se passe à Montréal. Sur la projection du film de Ron Fricke, *Koyaanisqatsi*, suite d'images des États-Unis côté nature et brusquement côté villes, Phil Glass dirige sa musique, son ensemble, *live* comme dit l'affiche. Le résultat est envoûtant. La musique répétitive est bien instructive (donc touchante) quand il est question des modes de vie, de la foule, des regards, et d'une nature que l'on croit glorifier en la dévastant.

Nous aurons un mois du 2 novembre au 2 décembre pour nous rendre à la galerie Lavalin vivre une *pièce tranquille,* installation vidéo et sonore de Brian Eno. À suivre. Il est en avance.

Le 27 octobre.

Carnet 7

PAROLES D'AUTOMNE. J'ai du clair à l'âme. Je laisse le «vague» aux tenancières des bons conseils qui font carrière dans la réussite à tout prix et aux outranciers des idées reçues, champions de la norme, et des mornes colères, celles et ceux-là qui jugent, grugent, épatent et font de telle sorte que la plus grande part des individus ne vivent pas leurs vies, savent tout et ne savent plus rien. La culture, c'est la mémoire des origines. Savoir d'où l'on vient, pour choisir où l'on va, pour le moins connaître la direction. Tigidou, tu te répètes. T'es-tu sérieux?

Il y a une affiche un peu partout dans la ville, dans l'Est bien sûr, j'en ai maladroitement transcrit le texte sur mon sac *La Baie, The Bay*, c'était trop important pour le *Carnet*, les piétons me regardaient, étonnés, *une société qui accepte de ne pas soutenir l'art est une société en voie d'extinction*. Un peu plus loin, sur un mur de briques, quelqu'un a écrit, *amoureux de la vie, amant de la mort*. Ça vibre ces temps-ci. On aurait envie d'écrire avec son sang sur des feuilles mortes.

Le concert du très jeune pianiste allemand Andreas Bach était navrant. D'abord, ma voisine a dit à sa copine, quand l'interprète est entré en scène, «mais ce n'est pas lui». Plus vraiment celui de l'affiche, déjà bouffi, harcelé de contrats? J'ai pensé à la chanson de Barbara, «dites-moi d'abord si la photo est belle». Ce n'est pas grave, mais pianoter les sept pièces brèves de Honegger; faire les notes de la *Sonate en fa majeur* de Mozart; courir après le scherzo n° 4 de Chopin pour rendre plate la sonate n° 3 de Brahms que Brendel, en fin de carrière, a du mal à jouer, voilà de quoi vous rendre sombre. On n'a même plus envie de prendre le métro («t'as pas une piastre pour bouffer?») et on rentre à pied. On se dit «tu vieillis». On respire. On se souvient de Rubinstein (l'autre) qui disait *l'interprétation exige un oubli total de l'être au bénéfice de l'œuvre.* Quel être a-t-on à 20 ans? Il y a encore des marchands derrière ces charmants (et encore: voir la photo) massacres. On comprend mieux ce qu'a dit et fait un Gould. On se réfugie, chers CD, côté Kempf, Lortie, Benedetti Michelangeli, Haskil, Nat. Les Rimbaud, Radiguet ou Nelligan du piano, ça n'existe pas. Vaine soirée.

Roger, un voisin, est allé voir *Cyrano* à l'Impérial. Il a aimé, sacré Rostand, qui l'eût cru il y a quelques années, on trouvait ça «cocardier», «démodé». Donc retour en force de la galanterie. À quand *La Princesse de Clèves*? Après la projection, Roger croise deux adolescentes confirmées. L'une dit à l'autre, «c'était bien, on ne se trompe jamais. Déjà pour *Amadeus*. Mais là c'est encore plus dramatique lorsque c'est une histoire vécue».

Douce fiction, où en sommes-nous donc? Au fait, comment Ferland et Lapointe en sont arrivés... là? L'enfer pointe.

À Paris-les-nouveaux-philosophes-en-toc, on pleure des larmes sèches sur la mort d'Althusser, assassin de l'humanisme, fossoyeur du marxisme? Il n'a pas fait trop de petits ici. Une génération du «vieux pays» l'a adulé, et subi. Il écrivait des choses comme *l'avenir dure longtemps*, fascinant professeur qui voulut faire du marxisme une machine de guerre contre l'humanisme *mou*. Je l'aime pour ce mou-là. Le *Maintenant ou jamais!* dont je parlais avec attention, à ces lignes, il y a quelques semaines, serait-il devenu déjà un *dans 20 ans ou peut-être!* Pour cette mollesse annoncée, chapeau Althusser mais un grand tant pis pour vos vassaux, émules, élèves, nouveaux philosophes du rien.

Arrêt, danger: certaines ou certains ont pu aimer Andreas Bach ou puiser des forces vives dans l'enseignement d'Althusser et de quel droit tranches-tu? Celui de l'émotion, peut-être, pour un pianiste, question de toucher; celui du rêve démocratique, plus sûrement, pour un philosophe, question de survie. Ici, la langue est un combat de tous les jours. Elle a du sens parce qu'il faut la défendre, et laisser à vue le côté *La Baie* du sac en papier. Le cheminement de l'indépendance du Québec est entre les mains de la souveraineté de son individualité. Au Québec, on bâtit l'indépendance depuis longtemps: c'est l'indépendance d'esprit. Il n'y a pas une puissance au monde qui puisse arrêter le mouvement de l'esprit. Ici, l'esprit est libre. J'écris à voix haute. Mon chat, le plus vieux des deux, vient de me regarder d'un air de dire «tu vas trop vite».

Côté théâtre, pour la retrouvaille, pour le comble du plaisir intelligent, pour l'éternité d'une actualité (définition même de l'acte du vrai spectacle), vous avez jusqu'au 10 novembre pour téléphoner à l'Élysée et retenir vos places pour *L'Honneur perdu de Katharina Blum*. Le metteur en scène, Serge Denoncourt, a déjà frappé par deux fois la saison dernière, surtout avec sa relecture de *Vu du pont* de Miller. Trois fois donc... Le choix de *L'Honneur*... entre dans une belle trajectoire de réflexion sur le temps présent.

Côté galeries, deux signes. La rétrospective Marcel Barbeau à la galerie Michel-Ange, toute une vie d'artiste dédiée à la lumière, *le regard en fugue* titre le livre qui lui est consacré. Trajectoire d'une immuable clarté, il y a un «art-de-voir-Barbeau» qui parle de bonheur avec ténacité, sur tous les registres et tonalités. Autre signe, la première grande exposition du Montréalais de fière adoption Fabrizzio Perozzi à la galerie Michel Tétreault. *On ne chante juste que dans les branches de son arbre généalogique.* Je dédie cette phrase de Max Jacob à Perozzi: à quoi bon décrire, c'est de main de maître, pur, fort.

Tibère, de Rachel Est, vient de rentrer du jardin. Tybalt lui a dit «faut qu'Yves s'arrête sinon on va le gronder à la mise en pages». Parlez-vous chat?

Le 3 novembre.

Carnet 8

TOUT DE GO, et toutes affaires cessantes, nous avons jusqu'au 8 décembre pour nous rendre à 20 heures à la Chapelle Historique du Bon Pasteur (le *H* majuscule est sur l'invitation, le lieu est superbe), 100 rue Sherbrooke Est, pour assister à cette *Cantate grise*, textes de Samuel Beckett, que présente le Théâtre Ubu. L'événement est important. Cela fut déjà dit en clair et net dans nos colonnes. Il est bon parfois de redire, d'insister: il y va du grand repas de l'esprit, d'une restauration de soi, d'un régal de l'intelligence quand elle ne joue que le jeu du «je», questionne sans flatter, invite sans flagorner. Beckett est un de ces compagnons de route que Denis Marleau place avec un bel acharnement sur notre chemin. Après Queneau et tant d'autres, il récidive. Il faut le suivre, parole d'Ubu. Les textes de cette *Cantate grise* (n'ayez pas peur du gris, *ça parle là où ça souffre*, disait le divin Lacan sur son divan) sont des lieux de paroles échangés, des lieux de bonheur, des lieux de bons heurts. Boom. Merci.

Amende honorable: je remercie monsieur Case postale 927 de la succursale du Grand-

Arsenal-Qui-N'existe-Pas de m'avoir signalé que, dans le *Carnet 5* j'utilisais par trois fois «l'affreux» mot de *pamphlet*. Il a raison. Cet anglicisme est, plutôt, pour moi, un beau barbarisme, un mot dévoyé, un voyou, si peu du folklore, et la raison-raison, pour être rigoureuse, n'est pas sans m'achaler un tantinet. Je vous le dis avec respect, monsieur Case postale 927 il est bon d'être vigilant (citation du dictionnaire, *une duègne sévère et vigilante*, Lesage) et il faut aussi s'interroger comme je le fais ici, mort de trac, à chaque *Carnet*, sur l'usage que nous faisons de nos libertés. Bien sûr il y a *brochure, prospectus, circulaire*, et c'eût été moins pertinent. Je n'ai lu, dans l'actualité de ma vie, qu'un pamphlet digne de ce nom et de son étymologie (du grec *etumos* «vrai»). C'était en Giscardie, il y a plus d'une décennie (*décade* disent à tort les Anglais: 10 jours?) et le président Giscard (dit d'Estaing) avait décidé de participer à une émission de télévision consacrée à Maupassant. Pierre Boutang avait écrit un pamphlet dans le journal *Le Monde*. Dieu que ça faisait du bien. Le bourgeois gentilhomme (fort méprisant au demeurant) avait été mouché (faire «mouche» avec son épée). Merci donc, et si le *tout de go* qui inaugure ce carnet vous paraît *british*, admettez avec moi, et avec le dictionnaire sur lequel Tibère, mon minichat pas mon *chum*, se vautre, que go vient de gober. Gobons donc Beckett. Merci.

Je tiens à rendre hommage au rapport explosif (sur la télévimolle) que Venise Barbelé, dite Venise Omni-Médias, de son vrai nom Maryse

Canon, la souffre-douceur des lettres québécoises, déposa comme par hasard en Giscardie, du temps où il était bon de pivoter en parlant de Maupassant (et surtout pas de sa syphilis qui pourtant...). Voici que notre percutante journaliste est devenue romancière, c'est son droit le plus strict, c'est même bon signe, aurait-elle souffert? Mais de là à clamer (pour faire sa publicité, encore?) que les critiques d'*ici* sont des images de pères impuissants (ce qui est peut-être vrai) pour affirmer que *la vraie critique, c'est celle qui vient de là-bas,* alors là, non, arrêt (je n'ai pas écrit *stop, mister* CP 927). La critique est ni d'ici, ni de là-bas, mais d'Alma, de Turin, de Dublin, d'Hossegor, de Sainte-Foy, de Tramelan, de Budapest, de Périgueux, de Val-d'Or, de Bonaventure, de Vancouver ou de Séville quand une lectrice ou un lecteur vous écrit 15, 16 ans plus tard, sur le déjà tard de votre vie d'écriture, pour vous dire le bonjour et le merci. Je vous dédie cette paraphrase de ce qu'un *papa* et ami d'*ici* a écrit à mon encontre il y a quelques mois: nous verrons dans 5 ou 10 ans ce que vous nous aurez donné. Et si on vous fait faire la queue pour un prix littéraire, demandez-vous:

1. Si vous avez choisi le bon éditeur, l'Interallié c'est bien connu a des alliances;

2. Si vous allez refuser ce prix-là. Il y a 10 ans exactement, ne me posiez-vous pas cette question du refus?

Lu sur un mur de Paris-la-freudienne en face de chez Lacan (ci-dessus cité) l'inscription *la publicité du malheur ne se distingue pas de sa suppression.* C'était dans *Le Jardin d'acclimatation.* La boucle est bouclée. Si peu un règlement de comptes: rendez-vous compte, chère collègue. Cordialement vôtre.

L'Académie vient de couronner Jacques Poulin. L'occasion nous est redonnée de découvrir *Le Vieux Chagrin,* un texte beau comme un fleuve, à la fois immobile et tumultueux.

Il y a des livres qu'on a aimés d'amour vif et qu'on peut glisser dans une enveloppe, comme une lettre, avec un message aux proches, pour le partage. *De quoi t'ennuies-tu Éveline?* de Gabrielle Roy en Boréal compact (comme les disques, c'est de la musique) est de ceux-là. C'est alors un beau cadeau que l'on se fait à soi-même, être deux et tant à partager le plaisir du texte. J'ai entendu, à la radio, hier matin, un long poème qui me faisait penser au Hugo des très grands jours. C'était lu sans emphase, belle voix, bon phrasé. Et comme dirait la dame du dessus, c'était d'un poète d'*ici.* Il était question de *l'ombre de la nuit,* du *choc de l'éclair,* il était dit, *qui donc arrachera le grand mot du passé?* C'était de qui? De qui? Les poètes sont là pour assistance à personnes en danger de vie.

Le 10 novembre.

Carnet 9

Qui donc a écrit *ce n'est pas ma manière de penser qui a fait mon malheur, c'est celle des autres*? Sade, le divin marquis sur son divan, un certain 14 juillet, il y a 201 ans. C'est à rendre le divan de Lacan de style et pas d'époque. Qui a glissé dans ma boîte à lettres ce qu'il ou elle qualifie de *modeste haïku, sous la vague souple, une barque se brise, demain le ciel sera silencieux*? Qui a dit ce matin à la radio, *le roman moderne s'acharne à arracher l'être à une vision tragique de lui-même,* pour enchaîner sur Rousseau et son *existentialisme immédiat* évoquant le *magnétisme romanesque* selon Julien Gracq, le seul qui eut la présence d'esprit et le cran de refuser un Goncourt meurtrier, commentaire personnel. Ce prix-là coûte cher. On y laisse sa chair. Oui, ma chère Venise B. Aujourd'hui même, 17 novembre, ça fait 10 ans qu'on me le fait payer.

Je persiste et signe. Tout appartient à ce *Carnet,* carnet de bord, et certains jours ça tangue. On voit tout. Même l'inscription sur le mur du terrain vague d'en face, *pas tannés d'être manipulés, réapproprions nos vies.* Quelqu'un, quelqu'une, a donc pris la peine de l'écrire, la peine fougueuse, la peine infinie. On va chercher le pain? On croise deux dames en évitant des sacs de vidanges. L'une dit à l'autre, «ça continue, les gens jettent leurs choux gras». Le tout en vrac. Il y a de la neige dans l'air. L'atmosphère est à la traque. Vivement que ça crisse sous le pas. Il y a toujours un beau moment avant la *slotche*. Pour un peu, on deviendrait impatient. «On», terrible «on».

À la radio, ce soir, il est question de sauver le monde, de respecter la nature et de lui redonner un semblant d'équilibre. Une dame, la voix perlée, si peu la voix aigre-douce des militantes des années 70, lit un texte, elle le lit parce qu'elle a peur de ne pas «tout-bien-dire». J'entends qu'il faut *suggérer à l'homme de renoncer à ce qui tue et de se donner à l'alliance qui féconde*. Il est même fait état du *pouvoir de la chaîne de l'amitié*. Tout cela est convenable, pertinent, éperdument perdu d'avance. Nous sommes allés trop loin. J'écoute la radio. Je ne regarde pas la télévision. Je ne veux pas «voir ça», en plus.

Tout de bon pour nous, deux spectacles s'en reviennent. Le premier, ici, déjà annoncé, *La Charge* de Gauvreau au TNM. À ne surtout pas manquer. Un jour, on jouera Gauvreau comme on joue Shakespeare, Tchekhov ou Pirandello. C'est du théâtre au sommet de l'humain. Libre à moi de penser que Gauvreau, comme Molière, est mort assassiné par toute une époque gagnée par les faussaires et les indifférents. Même, et surtout, s'il s'est donné la mort. *Ex-libris* de Jean Giono, *j'ai ce que j'ai donné*. Second spectacle, *Carbone 14* et *Le Dortoir* du 5 au 22 décembre au théâtre Espace Libre. Entrons, rentrons dans la danse, pour le pur plaisir et pour la réjouissance. C'est devenu tellement rare.

Hotel Chronicles, de Léa Pool, film commandé par l'ONF, dans une série «parler Amérique», est un beau témoignage sur la pulvérisation du «rêve américain». De chambre en chambre, d'hôtel en hôtel, de ville en ville, Léa Pool se met en scène et questionne. Ne rêverait-on plus que du «rêve états-unien»? D'est en ouest, et retour sur la «66», direction Chicago, c'est la même confiance, la même ferveur, le même échec qui reviennent. Si parfois, témoignages, l'humour pointe, il est grinçant et tout de suite, avec son art, Léa Pool redonne le *la*, le ton juste, renonçant avec ténacité aux facilités et aux artifices du montage, livrant ce voyage brut du coffrage, et il s'agit bien d'un rêve amoureux qui perdure. Je pensais en sortant de la salle de l'ONF à la première ligne de *L'Europe romantique* du trop peu connu Guy de Pourtalès, *on ne se remet jamais d'un amour flétri.*

Retenez vite vos places pour les supplémentaires de *L'Échange* au Café de la Place. Les autres doivent être déjà vendues. Tant mieux. Le combat pour la langue fait merveille. Et la pièce de ce jeune auteur de 26 ans, Paul Claudel, 1894, première version fort heureusement intacte, pas remaniée par le futur bourreau indifférent de Camille, est incroyablement d'*ici* comme dirait je ne sais plus qui. C'est le plus bel échange que j'aie jamais écouté, vécu. Daniel Roussel, metteur en scène, a vu clair et net, droit au but, terrien en diable, terrien et obsédé sensuel comme le jeune auteur. Le décor, d'un éclair signé Roussel également, est impressionnant, oui, dans un si petit théâtre, le ciel se déchire dans la nuit. Et, surtout, c'est interprété au souffle près, au millième de regard, avec dévotion, émotion, rigueur, droiture et folie (?) par quatre acteurs qu'il faut nommer, un à un, parce que ce qu'ils font est incroyablement fondu, puissant. Marc Béland en Louis Laine, robuste et fragile, indécis et obstiné. On y croit. Markita Boies en Marthe, effacée et présente, tenace et inflexible, émouvante à chaque respiration. Ah! quand elle dit, *main gauche, main droite, ô mains,* à son aimé! On souscrit. Luc Durand est un Thomas Pollock de roc. Il donne le vertige, il doute, il est sincère. Et Patricia Nolin en Lechy Elbernon par la clarté de ses élans donne encore plus de véracité (voracité?) à cet «échange» et à son pacte qui nous touche de près, de si près, que c'en est presque noblement pornographique. Bref, Claudel avant l'eau bénite.

Callas dans Wagner c'est une curiosité. Gino Quilico dans Mahler, c'est désormais une évidence. La preuve en est l'interprétation qu'il vient de nous «donner» des «Chants d'un compagnon errant». L'orchestre Métropolitain, finement dirigé par Agnès Grossmann, était ému, comme à un baptême. Décidément, le fils de Louis et de Lina va chanter et nous enchanter. Pourvu qu'il nous rende souvent visite.

Le 17 novembre.

Carnet 10

MONTRÉAL, le vendredi 23 novembre. Chers parents. Je ne saurai jamais ce que vous avez souhaité pour moi, ni quelle vie ni quel accomplissement. Chaque jour je vis, je meurs, je m'en vais, je reviens, je termine et je recommence. Chaque matin, floué par les rêves, je me refais une espérance. Chaque soir, inespéré, je vais vers mon lit, avec une frayeur pire que la peur, et je me couche avec le sentiment de ne même plus vivre mes nuits. Le piéton célibataire vous salue de loin, de bien loin, puisque vous n'êtes plus. Chers parents. Il fait froid. Très froid. Sur tout le Québec. Ce n'est que l'automne de l'hiver et je brûle de vous poser les questions qui ne peuvent être posées qu'après, quand tout est fini pour les uns, vous; et quand tout continue pour l'autre, moi. La nuit tombe. Le ciel est d'un bleu profond devant l'horizon, un peu rouge derrière les gratte-ciel. Le vent souffle comme dans un roman dévorant. J'ai fait bonne route: je me suis trompé à tous les carrefours. Je ne saurai jamais ce que vous avez rêvé pour moi, ni quelle épreuve ni quelle réussite. Je tombe avec la nuit qui tombe. Il y a le bureau, la fenêtre et la vue. Il y a le vent qui souffle comme dans un roman épatant. Je n'ai jamais fait ce que l'on me disait de faire, je dis bien «on». Et je tire de moins en moins de satisfaction de ce que j'ai entrepris. Plus j'avance, plus je me perds. Je n'ai même plus l'impression de vivre mes nuits. J'ai peur de *garder le lit* comme on dit, je dis bien «on», et d'être gardé par lui. Chers parents, viendrez-vous au rendez-vous?

Chers parents, chers, je n'ai suivi qu'un seul chemin en me trompant toujours, et celles et ceux de la bonne route m'ennuient. Chers parents, je ne saurai jamais ce que vous avez craint pour moi, ni le froid ni la séparation. Chacun de vous deux était l'otage de l'autre, votre amour me fut un exil. Chaque jour, je me lève avec le jour et je meurs avec lui. Je fuis, j'affronte, je m'élance, je trébuche, j'ai des blessures partout, au front, aux coudes, aux genoux, celles qui se voient, et des bleus profondément. Il va falloir que je tienne le coup, rien que pour vous. Puisque vous n'êtes plus là et que désormais j'ose vous interroger.

Chers parents. Il a fait froid, très froid, aujourd'hui. Et je n'avais personne à qui parler. Parce que c'est ainsi. Parce que je ne suis guère mieux et peut-être, douceur ou douleur, un peu plus ténébreux. Parce que je suis tenace, comme vous, et qu'une mort tient un malheur de vivre qui ressemble à s'y méprendre au bonheur d'être.

Chers parents. J'ai peur d'aimer parce que j'ai peur de me retrouver quitte. Je creuse une carrière de sable, de plus en plus profondément.

Un jour, ce sable-là m'ensevelira. Le reportage de nos jours fastes n'est plus possible. C'est le dernier courrier et la première page. Le paysage de la ville atlantique est noir devant l'horizon, bleu-de-plomb derrière, une lueur? Le vent souffle comme dans un roman palpitant.

Chers parents. J'ai peur de ne plus avoir de courage. Mes rêves ne me racontent aucune histoire. Je ne sais plus me distraire. Avant, au moins, parfois, je pouvais faire semblant. Chers parents, je suis en route, je creuse mon trou, j'ai peur du sable. J'ai vu un film, quand j'étais petit, en cachette de vous, qui racontait cette histoire-là. C'était la fin du film. Une main sortait du sable et tentait de s'accrocher au ciel. Une histoire, une seule histoire, ce n'est plus possible. C'est désormais l'histoire de tous. Une seule histoire ne peut plus contenir toutes nos histoires. Il n'y a plus de murs ni de barrières douanières. Tout est bouleversé. Chers parents. Je ne saurai jamais ce que vous aviez décidé, ni quel acharnement ni quelle exactitude, souhaits heureux souhaits! Il fait nuit. Le vent souffle comme dans un roman passionnant. Je n'ai jamais vraiment aimé personne, aimé physiquement. Je me suis alors, à chaque fois, même dans l'éblouissement et la fascination, senti encore plus seul que seul. L'étreinte fait de moi un solitaire arraché au chemin. Je ne saurai jamais ce que vous aviez esquissé pour moi, ni quels traits ni quelles transparences. Chers parents. Vous n'êtes plus devant. C'est idiot de vouloir s'accrocher au ciel. Le malheur de vivre et le bonheur d'être: merci. J'eus un jardin. J'y avais planté un poirier. Une voisine m'avait dit qu'il ne «donnerait» pas avant sept ans. Sept ans? C'est l'an prochain. Je n'ai plus le jardin.

Chers parents. J'ai fermé les rideaux. J'ai bu un verre d'eau. J'ai rendez-vous avec la nuit. Je voudrais bien qu'elle me raconte une histoire, vous rencontrer et vous revoir. Une autre histoire que celles de chaque jour et du monde entier. Chers parents. Le *transport* est effectué. L'avis de passage pour la livraison a été déposé. Je suis au bureau des enfants perdus. Pour un temps indéfini. Infiniment, vous. Personne n'est venu me chercher.

Chers parents, chers. Il n'y a pas de destinataire. Pas pour moi. Je suis en instance. Ou en souffrance. Comme le courrier qui attend, revendique, appelle et empêche d'écrire le *Carnet*. On est venu vous chercher, vous; mais moi, pas. Pas encore. Merci de m'avoir interdit. Je suis flou, floué, fou, agité. Je sais que vous serez là, ce soir. Le lit gris m'attend. Demain matin, d'autres pourront se dire «ils se sont retrouvés». Chers parents. Chers. Je vous dois le *transport*.

Le 24 novembre.

Carnet 11

EST-CE POSSIBLE? Suis-je branché sur une fréquence de radio qui n'annonce que des horreurs? Ou bien est-ce un signe des temps, les lourdes portes du siècle vont se refermer, on va s'y broyer les doigts. N'ai-je pas entendu ce matin, aux «informations», qu'une certaine puissance en place, elle aussi, dans le Golfe, avait d'ores et déjà «commandé 800 sacs pour le rapatriement des corps». Pourquoi 800? Du calcul de probabilité? L'intendance, en général, suit, et voilà qu'elle précède. Et que c'est dit, annoncé parmi les adieux de Thatcher, les humeurs de Bush, les stratégies du Nobel Gorby et les souveraines incertitudes de la commission Campeau-Bélanger. Il y a des marchands de sacs à corps humains comme il y a des marchands de sacs à skis, même matière, même principe, plastique et fermeture à glissière. La commande d'un seul sac à soldat eût été de trop. C'est à croire que le monde entier souhaite le carnage. La politique inclut-elle toujours, ne serait-ce qu'un peu, la morale?

Au cinéma Quartier latin, j'ai vu coup sur coup le film chinois *Judou* et le film russe *Bouge pas, meurs et ressuscite.* Tout penaud, bien au chaud, dans cette (bonne) salle de Montréal, j'ai ainsi effectué deux voyages lointains, témoin de la mortalité des civilisations qui va de pair avec la vitalité et l'acharnement de ses créateurs, celles et ceux, aux barricades de la liberté, qui ont la mémoire des origines, des usages, des rêves et des contes. Celles et ceux-là mêmes qui ne siègent pas à la commission Campeau-Bélanger, habile oubli? Les deux films dont je vous parle avec captivité sont graves, tragiques. Jamais l'esthétisme n'est là, comme sur notre continent, pour gommer, voire atténuer. Faut-il donc en être privé pour parler, envers et contre tous les «régimes», de liberté, avec virulence, clarté, j'oserai même dire juvénilité (capacité d'émerveillement)? Car ces deux films font des enfants les témoins de nos contradictions d'adultes, fussent-elles passionnelles. Et, comme on le dit bien ici, «j'ai encore un pied dans la couche». Souvenir: sur le bord d'une route, il y avait une pancarte *propriété privée.* Ma nièce me demanda «privée de quoi, oncle Yves?» Je ne sus pas quoi lui répondre. Témoignage: un voisin a proprement placardé derrière sa fenêtre l'inscription, *chaque personne est une histoire qui n'est identique à aucune autre. Alexis Carrel.* Qui se souvient dudit Alexis qui eut son heure de gloire et dont une pensée est ainsi livrée aux piétons? Je me méfie de celles et ceux qui vont jusqu'au bout de leurs pensées. Ils ont alors des opinions. Je n'ai que des émotions.

Aussi, ici, l'impressionnisme sera de mise, de proposition et non d'imposition, promis en quelque sorte au hasard des feux de la rampe ou des feux de la rue, échange d'images sans aucun marchandage, du troc, en quelque sorte une écriture en murmure, surtout pas de l'écrit en toc qui fait tac et épate. Les petits secrets font les grands desseins, «fais-moi un dessein» dit en moi l'enfant effaré et confiant à l'adulte qui a mal lorsqu'il entend parler de certains sacs et de sommets de politiciens où, de front, on jase de désarmement, de paix, tout en fomentant une belle-bonne guerre, bien sanguinaire, où des soldats seront tués par des armes que leur pays, d'une manière ou d'une autre, a vendues à l'ennemi. On voudrait taire cela et se terrer. Mais voilà que les Amérindiens manifestent et que Chrétien pleurniche parce que les journalistes sont méchants avec lui. On se calme. On se dit non, pas ici, pas comme partout ailleurs. On voudrait la fin des vains discours et des commissions équivoques qui agissent subrepticement çi, là, partout, avec la bonne excuse de l'objectivité et de la démocratie naissante ou tiraillante. À la radio, encore, il est question de savoir si l'expression *averse de neige* est devenue ou non obligatoire. Nous avions *chute, bordée, poudrerie.* Et voilà qu'on vient nous tarabuster jusque dans le simple plaisir de voir la neige arriver, ô saison à la fois souhaitée et redoutée.

Bizarre, cette pièce de Victor-Lévy Beaulieu, *Votre fille Peuplesse par inadvertance,* donnée au théâtre d'Aujourd'hui. Jacques Godin, tout marqué par son incarnation de Mycroft Mixeudelm de *La Charge* de Gauvreau, incarne un Maurice

Cossette, policier à la retraite qu'on n'est pas prêt d'oublier. Cette pièce est dangereuse. On la rejette, on n'y voit que le ludique, une sorte de festif tragique et petit à petit elle subjugue, citation de l'auteur, avant *d'accéder à ce qu'il y a de totalitaire dans la poésie.* Et y accède. On en sort ébahi, troublé, noblement désenchanté et fier. Pourquoi fier? Il est franc-tireur, l'auteur.

Je fêterai Noël le 12 décembre à 19 h 30 à l'église Erskine et American, rue Sherbrooke, au coin de l'avenue du Musée. Il y aura «la chanterie de la Place des Arts» et l'ensemble vocal «Les Voix d'Argenteuil». L'entrée est à 10 piastres. Des voix d'enfants ainsi se lèveront et avec elles je formulerai le vœu de ne pas trop, en adulte, souffrir de l'Histoire en cours et de ses marchandages de sacs à corps. Ici, au Québec et à ces lignes, *j'habite mon nom* (c'est de Saint-John Perse et non de René Char comme il m'est arrivé de l'écrire dans un précédent *Carnet*). Beau programme. Dans la correspondance de Claude Debussy, je note, *il est une musique que chacun porte en soi. Malheur à celui qui ne l'entend pas.* Tout de bon pour nous.

Le 1er décembre.

Carnet 12

ÇA FAIT TÉLÉROMAN, et pourtant c'est de l'Histoire en cours: nous saurons demain si Stan de Mississauga aura, après 20 ans d'exil et avec un visa délivré en Lybie, eu raison(!) de déclarer la guerre au sommet Walesa/Mazowiecki, adoptant une stratégie d'enchère démagogique. Belle Pologne, ardente et tarabustée, dont aucun bloc n'a jamais voulu et dont on se demande si, sous le choc de décennies de communisme, elle a encore un peu d'ardeur. On voudrait tant qu'elle trouve enfin sa place. Et voilà qu'un Tintin venu de Suède et du Pérou, en passant par le Canada, vient dire à Mazowiecki qu'il *ne dit rien*, lui, l'intello; et à Walesa que ses promesses contradictoires, voire incohérentes et parfois même rétrogrades, rappellent le pire péronisme, autoritarisme et populisme. Tous les maux en *isme*. Nathalie Sarraute avait, en son temps, écrit une pièce bien fine sur ces mots-maux-là. Un quart des électeurs ont voté Tintyminski et impossible d'interroger un seul d'entre eux, savoir pourquoi, savoir comment? Au «vieux pays», il y eut un poujadisme, ici un créditisme, de sinistres mémoires, et il y a un lepénisme qui s'acharne à faire des camps de concentration *un détail de l'Histoire.* Les chemins vers les démocraties sont de plus en plus difficiles. Les tenanciers des pouvoirs donnent dans la lenteur et la nonchalance. La solidarité, comme la nostalgie, n'est plus ce qu'elle était. Floués, les citoyens de cette fin de siècle ne peuvent qu'aller vers des illusions. J'ai rougi de honte il y a quelques années pour *Evita, bye bye Argentina,* quand on «la» voyait entrer en scène en robe du soir blanche, pailletée, un rêve à la Barbara Cartland. Y avait-il du sang dans son corsage?

Autant dire tout de suite que *Les Misérables,* la comédie musicale, présentée dès le 19 janvier à Montréal, comme un «cadeau spectaculaire», porte bien son nom. La publicité n'est pas mensongère: c'est spectaculaire, rien que ça. L'image d'une barricade sans âme, très esthétique. Hugo? On l'a oublié. Valjean? On l'a gommé, un fantôme. Cosette? On a l'impression qu'elle a subi un lavage de cerveau. C'est une Cosette-proprette, aseptisée, façon Evita, les bijoux en moins, la niaiserie en plus. Et on veut nous faire avaler cette couleuvre? Tout est nivelé. Fin de siècle. Qui faut-il croire? En Dieu, dira un prêtre dans notre courrier des lecteurs. Dieu? Et papa-Freud? Je préfère Schopenhauer, mon frère.

Si, à ces lignes, je brouille les cartes, au risque de ne plus même me comprendre, c'est que l'actualité du monde entier fait naître en moi non le désespoir en vogue dans les années 50, mais un inespoir qui reste encore à définir. Comment peut-on à ce point brader le monde, truquer et manipuler les sondages et les scrutins, faire la parade du vide avec des commissions de ceci, des commissions de cela, tout prévoir, tout était prévisible et le résultat n'est même pas grotesque ou risible. Le grotesque d'Ubutyminski qui aura barré le chemin à un Mazowiecki qui avait l'honnêteté de ne pas proposer des recettes et, selon toute vraisemblance, installé au pouvoir un héros qui n'est plus ce qu'il fut, ou ce que les médias en firent. Souvenez-vous de Castro, à ses débuts, et maintenant? Et Che Guevarra? Et Allende? Et Kennedy? Gare à celui qui parle, ne serait-ce qu'un peu, de jours plus justes: on le flingue. Tybalt, mon chat européen, me dit «tu t'égares». Tibère, mon déjà-gros chaton de Rachel Est, me dit «si t'es pas content, t'as qu'à manger de la colle». Stop.

Une dame vient de passer devant la maison, il fait soleil, le soleil de décembre quand la neige se fait désirer, et elle chantait *amour, amour, envoyez-moi des roses.* Je l'ai observée de derrière le rideau. Elle avait les bras chargés de sacs à provisions. On n'est pas à Moscou, ici, faut pas l'oublier. On peut magasiner... De sa chanson, elle ne connaissait que le refrain. Pour un peu, je serais allé chez le fleuriste du coin. Puis, je me suis dit qu'il valait mieux attendre que recevoir.

Les décorations de Noël m'agacent. Tout dans l'emballage et le paquet-cadeau, à l'image des commissions qui se veulent consultatives, au sens le plus large du terme: c'est beau du dehors et ce qu'il y a dedans n'importe plus. Plus de TPS pour les livres au Québec? C'est déjà ça, mais ce n'est pas tout. Et le fédéral? Et ainsi de suite, partout, toujours. Il faut avoir du cran pour abandonner ses bagages de rêves, s'en *contreclaquer* et faire l'autruche. Les imbéciles heureux me rendent parfois jaloux. Une fraction de seconde, c'est tout. Le temps d'une respiration et on se restaure pour le combat singulier, obstiné, au risque de l'inquiétude.

Un petit tour au CCA, Centre canadien d'architecture, 1920 rue Balle, ouvert de 11 h à 17 h le samedi et le dimanche, et on se «réconcilie» avec soi-même. Ce havre est un des privilèges et peut-être le joyau de Montréal: tout y est attractif, instructif, serein et déterminé. Chaque fois que je m'y rends, repos de l'esprit, je me souviens de cette belle déclaration de l'architecte Roland Castro, *il n'y a pas de démocratie possible quand c'est laid*. Et ce que l'on y voit, tant le lieu que les expositions, est beau.

La représentation d'*Oh les beaux jours* de Beckett fut interrompue deux fois par des pannes d'électricité. Comme si la lumière avait une revanche à prendre sur le texte éternel de Samuel, et à chaque fois sur des répliques cinglantes. Sylvie Drapeau, remarquable Winnie, était décontenancée. Il y eut quelque chose de lugubre quand le rideau noir de l'Espace Go s'est refermé, nous laissant à la rue, frustrés de ne pas avoir entendu le *dans ce brasier chaque jour plus féroce, n'est-il pas naturel que quelques choses prennent feu auxquelles cela n'était pas encore jamais arrivé,* ou le *et si pour des raisons obscures nulle peine n'est plus possible, alors plus qu'à fermer les yeux et attendre que vienne le jour...* Écrire, c'est souffler sur des braises. Il y en aura toujours sous les cendres. Qui donc a dit à la radio, tantôt, *la culture est à l'image même du monde du travail?* À l'ouvrage des jours, donc.

Le 8 décembre.

Carnet 13

QUI? Qui a écrit, *que le risque soit ta clarté?* Qui a écrit, *être un héros et un saint pour soi-à l'apparence d'un foireux ou d'un farceur?* Qui a écrit, *ou est-ce qu'avec le passage du temps les années deviennent inexorablement de moins en moins bonnes? On passe de rêves de ce qui pourrait être à des rêves de ce qui aurait dû être pour finir avec des rêves de ce qui a été?*

Qui a écrit, *chacun est l'otage des silences des autres?* Qui a écrit, *un poète doit laisser des traces de son passage, non des preuves. Seules les traces font rêver?* Qui a écrit, *mais le bonheur, direz-vous, qu'arrive-t-il au bonheur? Il arrive comme d'habitude mon vieux, il arrive comme un chat sur les genoux?* Qui a écrit, *je n'attendrai plus des jours meilleurs. Les mois changent, les années se succèdent, tout se renouvelle en vain, je reste le même. Au milieu de ce que j'ai désiré tout me manque, je n'ai rien obtenu, je ne possède rien. L'ennui consume ma durée dans un long silence. Soit que les vaines sollicitudes de la vie me fassent oublier les choses naturelles, soit que l'inutile besoin de jouir me ramène à leur ombre, le vide m'environne tous les jours et chaque saison semble l'étendre davantage autour de moi?*

Qui a écrit, *la pire des jalousies, c'est l'indifférence?* Qui a écrit, *le doute est ma seule et unique cer-*

titude? Qui a écrit, à Paris, où l'esprit jette si vite l'émotion par la fenêtre, le silence, dans un salon spirituel, après une histoire, est le plus flatteur des succès? Qui a écrit, un roman ne se raconte pas, il se vit? Qui a écrit, j'ai ce que j'ai donné? Qui a écrit, alors, il vous emmenait dans sa solitude, je ne veux pas dire qu'il la partageait ou que de vous sentir auprès de lui, il s'en trouvât moins seul, non, mais il vous emmenait. On n'était pas un remède, pas une distraction, pas une compagnie, on devenait sa détresse et sa solitude?

Qui? À quoi bon écrire encore? Écrit en fait qui lit, la lecture est acte d'écriture. Chaque phrase, si elle est émue, pas seulement pensée ou voulue, l'émotion, un frisson, est une éternité en soi. C'était il y a une heure. Je venais de revoir à la Cinémathèque pour la nième fois *La Vie est belle* de Frank Capra, film joyeux du rêve américain qui se brise. La marche fut longue pour rentrer rue Jeanne-Mance. Les trottoirs étaient secs. Il fait comme un début d'automne au seuil de l'hiver. Je m'approchais de la porte de ma maison quand je sentis une présence derrière moi. Je me suis retourné. C'était un jeune homme au regard flou et aux lèvres fines, un sniffeur en plein vol. Il portait un chandail bleu marine et serrait les mains dans ses poches comme pour tenir debout. «S'il vous plaît» dit-il. J'ai murmuré, «que puis-je pour vous?» Ma réponse ne lui parvint pas. Il bredouilla quelques mots qui glissèrent sur ses lèvres, et son regard, l'instant de ma réponse, chavira pour devenir vitreux. Je n'ai pas eu de la peur mais de l'instinct, j'ai fondu sur ma porte, sortant vite la clé, entrant, m'arc-boutant, alors qu'il tambourinait du dehors. Je crois que j'ai crié pour m'exhorter. D'un geste vif, j'ai réintroduit la clé à l'intérieur alors que le jeune homme tentait d'ouvrir en cognant de tout son poids. J'ai fermé la serrure. Affalé dans l'entrée, le cœur palpitant, qui? qui? qui a écrit quoi?, toutes ces phrases me revinrent en tête, *que le risque soit ta clarté, la pire des jalousies, c'est l'indifférence*, toutes ces phrases en vrac et en bref, et tant d'autres phrases que j'ai oubliées et qui pourtant occupèrent mon esprit le temps, quelques fractions de secondes, de me sauver (?).

Une nouvelle race d'errants est née, celle du manque, manque d'écoute, et moi, Sevy Erravan, effondré derrière ma porte, j'ai pensé que mon temps de vie était compté, que le compte à rebours avait commencé. Je suis habité de grands moments d'émotion et le danger des nuits ne fait plus sortir de l'ombre que des fantômes, des corps sans plus jamais aucune prise. Il n'y aura pas de nouvelle étape. La tête me tourne, la terre tourne, il est quatre heures du matin. À cette heure-là, à Fenétrange, Madame se levait pour mettre du bois dans la cuisinière, chauffer les pièces du bas et préparer les bols pour le café du matin, avant l'école. Il y aurait du pain de blé et de la confiture de mirabelles. «Raconte-moi tes rêves», dirait-elle en me tendant le sucre. C'est tout un art de rompre le pain sans faire tomber une seule miette sur la nappe. C'est tout un art de ne pas mentir en racontant ses rêves. C'est tout un art et une perdition que de pouvoir mentir-vrai et faire de l'art. Qui a vraiment dit quoi, quand, comment, pourquoi? Ces phrases-là m'ont donné la force de me réfugier derrière ma porte pour seulement, enfin, respirer. Je mentirais si je disais qu'après avoir suspendu mon manteau, mon cache-col et ma casquette, avant de me mettre à écrire ces lignes, je suis allé vers la fenêtre, et de là, devant la maison, je vis le jeune homme poignarder le tronc de l'acacia qui, l'été, dispense une ombre claire, le seul jardin qui me reste, mon arbre. Il s'acharnait contre lui. J'ai compté les coups, 37, crime passionnel? Je ne mentirais pas, en fait. Je n'avais pas allumé la lumière. Du dedans, je l'observais, acharné à l'ouvrage de son meurtre. Dans mes poches, il n'aurait trouvé que quelques piastres et le ticket de la Cinémathèque.

Qui a dit, *un homme seul est en mauvaise compagnie*? Quel est le séducteur grincheux, champion de l'amertume qui a eu la malignité (c'est dans le dictionnaire monsieur CP 927) d'écrire, *j'ai perdu au contact des hommes toute la fraîcheur de mes névroses*? Qui a dit, *ah, mes amis, il n'y a pas d'amis*? Qui a dit, *tout ce qui nous touche de près est la seule matière d'art*? Qui, qui est Sevy Erravan? Je sais seulement que pour les inévitables cadeaux des fêtes de l'an à venir, il ira chez les artisans, au Salon des métiers d'art, à la bien nommée place Bonaventure. Ne serait-ce que pour le stand 1027. Entrée libre. Écrire, écrire toujours, c'est chercher l'entrée de secours.

Le 15 décembre.

Carnet 14

ÇA Y EST, les jours rallongent. La promesse d'un prochain été, d'un jardin et de ses fleurs, l'emporte sur l'inespoir qu'inspirent une actualité fédérale et un capotage international.

Pour le fédéral, on jase beaucoup «souveraineté», l'usage de la langue française n'est-il pas «souverain en soi»? demandez-le donc à Normand Chaurette dont Brassard mettra en scène *Les Reines* au théâtre d'Aujourd'hui dès le 18 janvier; demandez-le donc aux lecteurs de Jacques Ferron, aux heureux captifs de *Les Roses sauvages, petit roman suivi d'une lettre d'amour soigneusement présentée*; demandez-le donc à Gilles, à Marie-Claire, à Gaston, à Alice, à Félix, à Carbone 14. La Place des Arts porte bien son nom.

Pour l'international, pas de plus rude fiction que la réalité. Le monde entier bat tous ses records de vanités en tous genres et tous commerces. Ah, les photos de Walesa le jour de sa victoire, bouffi, ahuri, ivre de vin de messe? Mais qu'imaginait-on? Que le communisme avait engendré chez ses opposants une nouvelle race d'hommes, libres de tout préjugé, débarrassés de l'abjection de leur passé? Et l'Allemagne qui ne rêve que d'ensevelir dans sa mémoire réunifiée la barbarie nazie et les camps de la mort? Nous sommes donc bien nonchalants et pas tellement à l'abri des retombées de cette crise de fin de siècle à la fois étonnante et périlleuse. Saddam Hussein est un fou. Shamir n'est guère mieux. Bush doit se sentir bien seul. Et c'est Noël. Et il faut y croire quand bien même on ne se sent pas croyant. Un Noël avec une poudrerie de nouvelles taxes et d'économies faites sur Radio-Canada. Et Mulroney d'affirmer que «c'est moins grave qu'en 1980». Quel sondage lui donne cette certitude? L'humain est insondable: il ne peut que se qualifier, rien ne le quantifie. Propos rapportés par Platon sur la mort de Socrate, *harcelez ceux qui se prêtent une valeur qu'ils n'ont pas*. Joseph Haydn n'a-t-il pas écrit, *n'est étranger que celui qui n'est d'aucune utilité auprès des indigènes*, et c'est beau le mot *indigène* sous la plume d'un musicien-voyageur. Ne signait-il pas aussi ses lettres, et mon latin est au plus bas, *ad majorem deditoriam* pour se moquer de Bach qui, lui, signait *ad majorem, dei gloriam*. Qui est le dieu de Shamir? Celui de la guerre? Il ne tenait qu'à lui de tendre la main aux Palestiniens. Et c'est *notre* histoire qui est en jeu, épouvantable ultimatum du 15 janvier de l'an à venir. *Ad majorem*, pour le plus grand nombre, je voudrais tant, comme tout artisan, écriture cette gravure, gravité de l'actualité, dire, crier gare. Et il faut fêter Noël? Qui a tué des milliers de Kurdes? Et comment? J'ai le cœur en éclats.

Là, mes chats ne font aucun commentaire. Ils dorment. La neige n'a pas fondu dans le jardin. Et quand ils sortent par la chatière qui fait flip et qui fait flap, ils marchent sur le blanc comme s'ils avaient des talons hauts. Jamais les oiseaux n'ont autant piaillé. Ou bien sont-ce les mulots qui nichent sous le plancher de mon bureau, vide sanitaire, avec chauffage pour le confort des familles?

Alors, on se replie, pour la fête, malgré tout. On a recours à la musique. Je connais désormais plus beau que l'enregistrement des *Nuits d'été* de Berlioz par Régine Crespin, dirigée par Ansermet, CD London 417813-2. C'est mon «tube» depuis 20 ans, Crespin, Callas et Horne, mes favorites. Et puis voilà que je découvre le plaisir absolu de ce qu'il est convenu d'appeler la «mélodie française», Gounod, Hahn, Fauré, les Beatles de mes grands-parents. Le chanteur, c'est Jean-Paul Jeannotte. Au piano, Jeanne Landry. L'enregistrement est de 1962, CD Amplitude OPCD-1004, on le trouve au kiosque de la Place des Arts. Cet enregistrement est irremplaçable, inégalable. Le vrai régal d'un ténor qui maîtrise les nuances et possède à la perfection l'art de respirer, le phrasé, la diction. Il faut l'entendre chanter, *voici que les jardins de la nuit vont fleurir* ou, *la neige des pommiers parfume les sentiers*. Avec un Jean-Paul Jeannotte, le Québec est «souverain en soi»! Une fierté de plus.

Entendu à la radio, aux informations, un beau lapsus. Il fut dit *proctologue* au lieu de *politi-*

cologue. Hasard objectif? Voir dictionnaire.

Vu à l'entrée d'une église sur Sainte-Catherine Est, face aux travelos, une longue inscription gravée dans la pierre, qui commence par, *vous qui passez, gens de haut savoir ou gens de la rue...* Je n'aime pas cette discrimination. Elle me fait penser aux minauderies mauriaciennes, rien pour moi. Il n'y a qu'une foule et un seul savoir, ni haut ni bas, ni bons ni méchants.

Kantor est mort à Cracovie le jour où Walesa a été élu. J'ai beaucoup appris de lui, en simple spectateur, la vie, la dérision, un grand chant de la terre et de ses trublions.

Qu'a voulu dire ce voisin de bar s'adressant à la serveuse, alors que je prenais un «régulier», «suis pas verbeux, moi; suis proverbeux; tiens, qui peut le plus peut le plus»?

Le 22 décembre.

Carnet 15

Tout de bon pour vous pour l'an qui s'en vient. Tout de bon pour Jean, Jean-François, Odette, Mitis, Nigra, France, Jean-Claude & Fabrizio, Tiepolo, Johanne & Lisette, Raymond & Richard, Léa, René, Normand, le second Yves, le troisième Yves, Nicole, Arlette, Marleine, Roch & David, Cosima, Laura & Émanuel (avec un seul *m*), Anne, Dominique, Jocelyne, et celles et ceux que j'oublie: la sincérité est oublieuse. D'ailleurs pourquoi dit-on «mes vœux les plus sincères», est-ce nécessaire? Ainsi ai-je toujours pensé que la *fausse modestie* était un pléonasme.

Tout de bon pour vous pour l'an qui carambole. Tout de bon pour Suzanne, Errol, Moussia & Jean-Pierre, Jean-Luc & Hervé, Henri, Éric, Guy, Daniel, Diane et Roger. Et Marc? Et Laurent? Et Guimauve? Toutes celles et tous ceux qu'on voudrait saluer, proches ou lointains, si peu les «rusés», surtout les «simples». On reconnaît un «rusé» en ceci qu'il refuse le bonjour au «simple». Pour connaître la couleur d'un caméléon il faut le poser sur un autre caméléon. Ainsi les politicologues se reproduisent-ils, à l'identique, sans qu'on puisse annoncer leur couleur réelle. Qui est qui?

Qui décide quoi? Où allons-nous? Pourquoi opposer les «rusés» aux «simples», refaire le coup des bons et des méchants? Le commerce des premiers n'a pas la qualité du bonjour des seconds. Tant pis, allons-y, tout de bon pour vous tous, pour tout le monde avec un souhait de pouvoir à l'aube du troisième millénaire (l'an 2000, c'est démodé) saluer un monde réconcilié avec ses frontières, ses ressources, ses forêts, son eau de source, ses misères, ses fanatismes et ses famines. Tout de bon pour vous un monde meilleur, est-ce possible? Dans ce pays tranquille (même s'il y souffle des tempêtes côté *cup of tea*) ne confondons jamais tranquillité et nonchalance. Le culte de l'horreur fait des ravages partout ailleurs. Tout de bon pour vous, *inespérément*, un de mes classiques favoris, on est, on naît, *romantal et sentimentique* ou pas. Il n'est plus question de morale mais d'éthique. Est-ce une solution, en termes de vœux, que de ne pas penser à ce que nous avons à affronter?

Tout vient comme il faut aux âmes résolues.

Où il serait question tant des migrants de l'extérieur que de ceux de l'intérieur, «l'univers en soi» de chaque individu, ses questions, ses attentes, ses désirs, ses solitudes, quand elles virent ou versent, perverses, à l'isolement. Enfant, j'ai mis beaucoup de temps à apprendre à faire des soustractions. Le principe me révoltait. Et si je chante *que sont mes amis devenus, eux que j'ai de si près tenus, et tant aimés*, je me dis tout de bon pour celles et ceux qui souffrent, tout de mieux pour elles et eux, il y a tant de maux et celui-là, plus précisément, qui fait que l'on redoute, *amants, heureux amants,* d'avoir à recopier un carnet d'adresses devenu charnier. Et renvoyons les pourvoyeurs de rumeurs d'occasions perdues à leurs allusions. Tout de bon pour vous tous, pour un an neuf sans aucune illusion.

Tout de bon pour Michèle Richard dont on n'a plus aucune nouvelle depuis son *honeymoon* au Maroc. Tout de bon pour Venise Omni-Médias qui paraît-il est charmante dans l'intimité.

C'était au printemps dernier, au temps des lilas en fleurs. J'étais descendu à la 1326 d'un hôtel dont Dieu est le propriétaire. Je me déplaçais avec ce que l'on appelle curieusement un «arbre de Noël», perfusions & Co. Tout de bon pour celles et ceux qui m'ont prodigué leurs soins. Je n'avais pas le droit de fumer dans ma chambre. Alors, j'allais à la rotonde, vue imprenable sur le parc des bonnes sœurs et sur le mont Royal, un parfum de lilas montait du jardin interdit d'accès. Je fumais donc une cigarette. Il y avait les habitués. Une dame, en déshabillé japonais vert, qui remontait toujours ses bas et qui, la voix rauque, se plaignait d'avoir mal à la tête! On ne lui donnait plus d'aspirine. Elle fumait, fumait, fumait. «Et vous, d'où venez-vous?» Je l'appelais la reine des Migraines. Quel beau geste à chaque bouffée. Il y avait aussi, droit comme un clocher, les pieds dans des chaussures d'un blanc immaculé, position de la reine Elizabeth II au derby d'Epsom, un représentant en graisses industrielles qui connaissait tous les hôtels de toutes les villes du Québec, «on m'aimait pas parce que je laissais des taches d'huile sur les draps». «Et vous, d'où venez-vous?» Je l'appelais monsieur Cambouis. Le plus bavard était tombé d'un tracteur à la baie James. C'était la première fois qu'il séjournait à Montréal, «c'est beau, il y a des routes qui passent au-dessus des routes». Je l'appelais Baie James. Et puis il y avait la dame, très vieille, plus noire que chocolat, que l'on asseyait là et qui ne disait rien. Je ne lui ai pas donné de surnom, elle échappait à la distribution. Il y avait enfin la maman d'un monsieur de 50 ans qui buvait café sur café, une maman en collant rose bonbon et tee-shirt en strass marqué Beverley Hills. C'était Beverley Hills. Alors, tout de bon pour la reine des Migraines, monsieur Cambouis, Baie James, la dame sans nom, et Beverley Hills: tout désespoir n'est pas perdu. Tout de bon. Tout de vrai pour 91.

Le 29 décembre.

Carnet 16

L E «MONSIEUR NAVARRE», ça me gêne toujours. Il y a du grief dans l'air. Comme disait ma grand-mère «il y a deux catégories
d'êtres humains, ceux qui disent *merci*, et ceux
qui disent *merci quand même*; quand il y a du
quand même, il y a du chagrin». Bref, les *du-quand-
même*, famille prolifique, aristocratie de la peine-
à-jouir-en-temps-voulu, ne sont pas de ma fré-
quentation. Et si tout commence par *monsieur
Navarre*, c'est aussi mauvais signe. Ou bien, ouf,
ce n'est que de la timidité et c'est devenu rare.
Agression? Je n'oublierai jamais la réunion hou-
leuse à la Société des gens de lettres (5 000 mem-
bres dont 3 700 morts) en 1975, lors de la fonda-
tion d'un syndicat d'écrivains de langue française, un an avant l'Union d'ici, la fougue d'un
président (comment s'appelait-il déjà?) s'adressant à Marie Cardinal notre présidente «mais
enfin, madame Navarre!» Sa rage fut interrompue par des hurlements de rire. Ben oui, ça va ça
vient, au gré des semaines. Cela eût pu s'intituler
Jours tranquilles à Montréal, or le décalquage n'est
pas de mon encre. Et la tranquillité n'évince pas
l'inquiétude. Certes, je me fais un sang d'encre à

chaque *Carnet*. Un doute m'habite. Il est dit dans le *Galilée* de Brecht, «il y a une félicité éternelle dans le doute». Et c'est avec ferveur que je transcris ici, intégralement, la lettre d'un lecteur. Ferveur et respect. Au seuil de l'an neuf, il s'agit bien de faire le point.

Cher monsieur Navarre,

À votre place, je m'inquiéterais — une bonne introduction dramatique, n'est-ce pas? Il se trouve que j'ai fait du journalisme mais j'ai tout arrêté suite à une dépression. Maintenant, j'ai le temps de réfléchir et de penser — un luxe que tout le monde devrait se permettre. Mais qui se le permet, dans cette société d'efficacité et de performance?

Je disais donc que vous devriez vous inquiéter. Pourquoi? Parce que je ne vous comprends pas. Ou difficilement. Avec beaucoup de concentration. C'est épuisant. Je ne suis pas contre les difficultés et la réflexion profonde. Mais enfin, il me semble que vous contractez beaucoup trop votre pensée et votre style. C'est effrayant! Et il me semble que le premier talent d'un écrivain-journaliste est de se faire comprendre facilement, du moins dans son style, sinon dans le fond.

Il me semble que vous êtes beaucoup trop hermétique, concis, voire rabougri. Et pourtant, j'estime avoir une certaine culture — cours classique et sciences sociales, journalisme, j'ai d'ailleurs appris l'écriture «moderne» en lisant le Nouvel Observateur.

Il y a des limites à tout. J'ai lu plusieurs de vos chroniques (jamais vos livres). Et cette impression est constante.

Sur le fond, si vous dites que vous n'avez que des émotions, je vous plains, car vous devez souffrir énormément. Vous vous réjouissez de votre monde émotif qui sous-tend votre écriture, j'imagine, comme pour bon nombre d'écrivains. Je crois que c'est un immense piège. Tout comme la pensée. C'est cela qui crée le temps de notre conscience. Et c'est de cela dont il faut se libérer, à mon avis. Beaucoup d'artistes exploitent leurs émotions; ils n'ont que cela. Mais nos émotions nous piègent et nous séparent des autres, de là notre douleur. Quant à moi, j'observe tout cela pour m'en libérer. Et c'est possible...

Vous mettez en écriture votre inconscient — du moins sa partie palpable et dont les liens vous appartiennent. Et c'est pour cela que c'est si difficile à lire; c'est un univers à comprendre. Et il me semble que vous abordez trop de sujets dans votre chronique. Est-ce l'envie irrépressible de tout couvrir? Ou quoi? Ça m'indigeste, même si vos raccourcis sont brillants. En musique, ce qui est le plus difficile, c'est la mélodie lente car il y a du vide qui veille, veille...

Ici, l'hiver est long, encabané. Je vous souhaite la prison de l'hiver. Pour arrêter de penser, enfin... et de vivre votre petite vie, comme tout le monde. Comme le petit vieux qui marche sur la rue avec ses sacs en plastique. Lui, il n'a que la vie et c'est amplement suffisant, ne trouvez-vous pas?

Bien à vous, amicalement.

Réponse: merci. Non par masochisme mais par altruisme, votre liberté et la mienne, également, à égalité. Je dirai simplement (le bonjour d'un *simple*, voir les *Carnets* précédents) que je ne cherche pas à être performant, que je ne suis pas écrivain-journaliste, mais un écrivain qui *écriture* (verbe inventé) dans un journal dont il prise le destin et le dit; que le *Nouvel Observateur* n'est pour moi qu'un modèle d'apparente clarté, tout dans le paraître, jamais rien en transparences, c'est le *Vieil Observateur* qui dit tout et qui dit rien, le «Savoir-su» m'indigeste comme vous le dites si bien, les «chapelles de la norme», si peu pour moi, tant d'intelligence en pure perte. L'altruisme, une altérité qui désaltère. Un jour, me croiserez-vous peut-être dans la rue avec mes sacs en plastique. Ne vous inquiétez pas: j'ai dû réapprendre à marcher. Et vous avez raison, raison, raison. Bien à vous amicalement.

Le 5 janvier.

Carnet 17

RUE PRINCE-ARTHUR OUEST. *Le Topaze de Greta.* L'humour sans amour est meurtrier. Un jour je veux capituler, le lendemain je reprends tout en main. Cela dure depuis un mois. Comme par paradoxe, jours heureux et pleins, les jours d'aventures et de rires, je n'avais pas la force d'écrire une seule ligne alors que tout me tançait de dire mon privilège de fils unique, émigré d'Allemagne à l'âge de 13 mois, orphelin de père à l'âge de deux ans, élevé par ma mère Greta et par cette ville ancrée au bord d'un fleuve acharné.

Sur la table de chevet de ma mère, de retour de l'hôpital Saint-Luc, j'ai trouvé un livre de Robert Walser avec, soulignée de sa main, la phrase, *das Leben glich einer Fahrt in einem Kahn auf traümerischem Wasser*, la vie ressemblait à un voyage en barque sur une eau de rêve. C'est en allemand que Greta, ma *mutti*, parlait seule à voix haute. Et à qui? À Karl, mon père, dont elle eût souhaité également avoir une fille et que le premier hiver avait emporté la laissant seule, avec moi, petit couple qui deviendrait grand, vieux, et que la mort casserait comme une branche de bois sec.

Greta n'aimait pas les Anglais. Pour elle, les Mountbatten n'étaient que des Battenberg. Aussi, en apprenant le français, me l'avait-elle enseigné, pour plus tard, seulement plus tard, me faire aimer Goethe, Novalis, Mann, dans le texte. J'ai donc reçu la langue allemande comme un retour de flammes, avec mon adolescence. Je n'ai jamais séjourné au pays de Greta, elle n'a jamais voulu y retourner. Mais il n'y avait pas de jour sans qu'elle m'en parlât et qu'elle le décrivît comme un parc où il était bon se perdre, s'interroger et s'émouvoir. Je n'en ai conçu que plus de fierté d'être québécois, de parler une langue de combat et, disait Greta, «de détours, on croit parler d'amour ce n'est que de l'humour, et inversement». Il y a un mois, on m'a appelé en milieu d'après-midi chez Burgess Import-Export, extension 2017, mon bureau, le même depuis 30 ans, néon, formica brun, skaï, rideaux à lattes, ventilateur plafonnier, armoires en métal, sol en balatum usé, corné comme vieux cuir, seul le téléphone a changé, blanc, à touches électroniques, Bell Canada à la longue les a offerts et a repris les modèles en bakélite qui se vendent désormais chez les brocanteurs. Il y a de l'amour dans ces détails, un amour qui vire à l'humour, d'une vie de célibataire, employé ponctuel et exemplaire, épris d'une mère qui en fait demeurait en son parc intérieur, jeune fille, tout à l'exploit de ses premiers émois, seule fantaisie, la commande d'un chapeau, chaque printemps, chez *Chapeaux Folies*.

Maudit téléphone, extension 2017, je croyais à un client mécontent, à un retard de livraison ou à une erreur de facturation puisque je règne sur le service des réclamations depuis 31 ans, j'ai même une médaille, je cotise pour la retraite, et le fleuve s'en contreclaque, il coule, derrière les entrepôts. Non, c'était ma mère, on l'avait transportée d'urgence, elle avait composé le 911, la porte de la maison avait été défoncée d'un coup de hache. Quand je suis arrivé à l'hôpital, j'espérais aller «dans les étages» or, on me conduisit au second sous-sol, service des soins intensifs, un long couloir, l'entrée d'une chapelle, une porte en verre fumé et au-dessus de la porte, une horloge, elle aussi électrique, hors de service, affichant une heure fixe 00:00.

J'arrivais trop tard: dans une salle qui tenait du laboratoire et de l'aquarium, je la vis allongée, lit haut et étroit; d'étranges embouts dans le nez, dans la bouche; le bras gauche nu, le long du corps, relié à des tubes, eux-mêmes rattachés à des bocaux suspendus, véritable arsenal, et sur un écran de télévision, une ligne horizontale, comme une coupure. C'en était fini de Greta. Il y eut un absurde dialogue: un médecin me dit, «nous avons fait tout ce que nous avons pu. Devons-nous appeler un prêtre?» J'ai répondu, «elle avait donné son corps à la science.» «Oh, à son âge.» «Elle avait de bons yeux.» «Même les yeux monsieur Labrecque.» «Non, monsieur Lübeck.»

J'ai appelé mon patron, «Il faut reprendre votre travail demain à neuf heures, il y a déjà sept réclamations». Quand je revins dans la chambre des urgences, je ne vis ma mère qu'un instant, les yeux ouverts, le regard fixe et, en la regardant, j'eus l'impression de l'humilier. Très vite il fallut libérer la chambre pour d'autres soins intensifs. Il n'y aurait pas de cérémonie, pas de possible veillée, ainsi va le monde, il ne veille plus, il se surveille et se saccage. On transporta ma mère à la morgue, je signai l'acte de décès et l'ordre d'incinération, selon le souhait de Greta, pour le lendemain six heures du matin.

Quand je suis rentré vers 11 heures du soir, petite maison de la rue Prince-Arthur Ouest, des ouvriers réparaient la porte, madame Gagnon, notre voisine, m'attendait dans le salon, «j'avais peur pour les voleurs, je suis venue avec mon chat, ça ne vous dérange pas? Je vous ai fait à souper». J'ai mangé avec appétit parce que j'avais de la fureur, parce que madame Gagnon s'était fiée à mon regard et ne m'avait pas posé la question de la mort, parce que Greta était allergique aux chats, parce que nous avions vécu tant d'années sans jamais imaginer que tout cela de nos confiances, égoïsmes et confidences pourrait avoir une fin. Madame Gagnon a fait la vaisselle. Puis elle est rentrée chez elle avec Batman, son minet, «votre mère n'aura donc jamais vu ma maison».

J'ai passé la nuit dans le sous-sol, mon appartement. Je n'osais plus aller à l'étage de Greta, ni même revoir le salon et la photo de Karl me brandissant dans ses bras, sur la cheminée, instantané sur lequel on a l'impression qu'il veut me jeter dans le ciel. J'ai songé cette nuit-là à me supprimer. Comme cet ami de Greta, philosophe, qu'elle avait connu à Heidelberg, et qui quelques mois plus tôt s'était mis la tête dans un sac en plastique autour du cou. Il était mort asphyxié, lui qui avait bien parlé de la vie, de ses demandes, de ses renaissances. La presse avait donné tous les détails. Autre phrase, Greta m'avait dit alors, «lui aussi aurait pu devenir ton père». L'autre solution était de me taillader les poignets dans la baignoire, non pas en travers comme dans les films, mais tout du long, dans le sens du bras, sur quelques centimètres, ça marche alors à coup sûr. Mais je voulais être présent au crématoire. La volonté a parfois le courage de la lâcheté. J'ai écouté de la musique, les derniers quatuors de Beethoven par l'Alban Berg quartet et la Waldstein par Brendel, «eux jouent comme il faut jouer» disait Greta, «un oubli total de l'être au bénéfice de l'œuvre». Elle souriait quand elle portait ainsi des jugements, le sourire du parc, Goethe, «veux-tu puiser dans le Tout une vie nouvelle? Vois alors le Tout dans la petite chose».

Dès cinq heures du matin, je me suis habillé comme un premier communiant de 50 ans, costume des soirs où il nous arrivait d'aller au concert. Greta portait alors des bijoux dont elle seule connaissait les origines, idylles et aventures, ses secrets. Je n'ai pas apporté de fleurs. Je me tenais droit comme un soldat. Je suis parti directement pour le bureau et ses réclamations, avec l'urne. Le patron vint pour les condoléances, «nous ne compterons pas votre journée d'absence pour vos vacances». Mes vacances?

Un mois plus tard, aujourd'hui, le silence de chacun et la clameur de tous, j'ai été réveillé un peu avant l'aube par une violente rage de gencives. Je me suis levé pour aller prendre une aspirine. J'avais le comprimé dans la main, je faisais couler l'eau dans le lavabo et je me suis vu dans le miroir, sous le soupirail d'où l'on entrevoit le petit jardin. Qui s'occuperait des roses au printemps? Il fallait vendre cette maison. J'ai les yeux de ma mère. Je l'ai revue sur son lit. À nouveau j'ai senti que je l'humiliais, mais pourquoi donc?, et brusquement j'ai compris que dès son arrivée à l'hôpital, pour placer l'embout dans sa bouche, on lui avait retiré des prothèses qu'elle m'avait scrupuleusement cachées pendant des années. C'était donc ça la vente du topaze auquel elle tenait tant et du collier d'aigues-marines dont elle avait si joyeusement juré qu'elle ne s'en départirait jamais, «si tu savais…» Je ne sais toujours pas. Mais dans l'instant la violente douleur de gencives disparut. Je n'eus pas à prendre l'aspirine, l'eau coulait, Greta venait de me parler une dernière fois.

Il est huit heures du matin, le silence de tous et la clameur de chacun, il me fallait ici écrire, noter, inscrire, chavirer en quelques mots, enfin, et dire la splendeur et l'enfermement, la captivité d'avec ma mère. J'ai confectionné une petite pancarte avec, *à vendre, sans intermédiaire,*

visites sur place le samedi et le dimanche de 10 heu-
res à 17 heures.

Demain, après-demain, il y aura du monde
chez nous. J'ai tout aujourd'hui pour m'informer
du prix du pied carré dans le quartier. J'irai vivre
un peu plus loin, dans le complexe de la Cité,
tout en haut, je veux voir le fleuve, les ponts, les
bateaux. Je me sens comme un blanchon sur la
banquise le jour de la mouvée, le jour du plus
grand danger. Une vie commence.

Si j'écris à Nicole à Val-d'Or ou à Danielle à
Montebello, se souviendront-elles de moi? Quand
Greta les a rencontrées, «du thé, un sucre ou pas
du tout?, une larme de lait?» elle leur a dit, «et
quand quittez-vous Montréal?» J'enterrerai l'urne
dans le jardin, au pied des rosiers. Il pleut sur la
neige. On passera cette année directement de
l'hiver à l'été. Et si Nicole ou Danielle «ont fait
leur vie», je ferai le voyage à l'envers, j'irai à Heidelberg, j'irai à Fribourg, j'irai à Hambourg. Il est
l'heure d'aller au bureau. C'est ma vie. C'est de la
vie.

Le 12 janvier.

Carnet 18

RUE MARIE-ANNE EST. *Le ventre de Clara*. Même et surtout les plus proches, celles-là et ceux-là qui lui avaient souvent dit «tu peux m'appeler 24 heures sur 24», ou, «compte sur moi» ou encore, «les amis sont là pour ça». Le pire moment était venu. Elle éprouvait du réconfort à se dire qu'elle ne ferait signe à personne, même et surtout aux plus proches. Elle ferait ça toute seule. C'en était trop de par le monde. Le printemps jamais ne reviendrait. Elle ne voulait plus revoir de ces beaux jours, pieds nus dans des sandales, chemisier blanc, coups de vent dans la jupe légère, cheveux décoiffés.

Jamais Clara n'avait pu saisir de prime abord les autres dans leur altérité plutôt que dans ses réactions subjectives à leur égard; ainsi, son consul aux réponses inappropriées, en vouloir de primesaut, alors qu'il s'agit de surdité de l'autre, c'est présumer un peu vite, et se faire à soi-même un mal qui n'a pas de raison d'être; ainsi, plutôt que de rompre vivement, apaiser par une plus patiente écoute de propos de l'autre, aimé, ami, compagne, compagnon, prendre le temps des propos agaçants et amicaux, pouvoir le geste qui dénoue et laisse l'autre à sa liberté d'opinions et de maladresse.

À chaque fois, Clara avait tranché, ce serait pour une prochaine fois puisque le phénomène invariablement se répétait, raison de plus pour en faire désormais l'économie. Ainsi, Clara s'était-elle retrouvée isolée au point de penser «même et surtout les plus proches» et envisager de se supprimer sans prévenir personne. Parce qu'elle ne supportait pas le crépitement de la pluie sur le toit, l'ordre de sa table de travail, la médiocrité de ses croquis de chapeaux puis, sept mois, le départ de Roch; parce qu'elle n'aimait plus le carrelage vert de l'escalier de ce 2 1/2 de Marie-Anne Est, plein nord, jamais de soleil, même l'été, au couchant.

Elle ferme les yeux: elle voit Roch et son regard orphelin, sa manière malicieuse de citer Supervielle quand il venait de dire une bêtise, *pardon pour les balles perdues*; son air mutin lorsqu'il affirmait toutes sortes de *plus jamais mais* ou de *qui peut le plus peut le plus*; sa joie lorsqu'il avait tenu à ce qu'elle le photographiât rue Sainte-Catherine presque en face du Ouimeto-scope, devant la boutique *Le Spécialiste des échecs*; la gravité de sa voix lorsqu'il lisait ses poèmes auxquels il ne croyait pas comme pour prouver qu'il travaillait même s'il ne faisait rien, «je vis aux crochets de tes chapeaux»; l'habitude qu'il avait d'aller toujours prendre une douche, été comme hiver, dès qu'elle commençait à douter de lui et il le sentait, sa nudité rappelait à l'ordre du charme et de l'étreinte; la douleur de sa peau et l'émerveillement de l'écartèlement quand on se donne encore un temps, l'amour est toujours à l'essai sinon il n'est plus. Clara ouvre les yeux. La bouillie de pilules est prête. Clara a pilonné le tout dans un mortier. Elle a même ajouté un peu de sirop d'érable de chez sa mère, là-bas, à l'est, non loin du fleuve.

Clara écoute la ville. Elle aime cette ville que sa famille feint d'ignorer. Elle la porte en elle, au plus profond de son ventre, un point, puis le fleuve, l'estuaire et la haute mer quand on doute de tout. Elle est enceinte de cette ville, rêve ébauché. Elle en aime les hurlements des ambulances, le faisceau lumineux qui balaye le ciel, le vrombissement des avions si tard le soir ou trop tôt le matin, le crissement des pas dans la neige, même la *slotche* quand elle vient, et les terrains vagues, les gratte-ciel, la croix de lumière en haut du mont Royal, comme une cicatrice dans la nuit, les inscriptions murales, les briques lépreuses, les miroirs des façades de verre, les pierres grises et carrées des bâtiments de la Vieille Ville, jusqu'aux entrepôts qui cachent la vue du port et les bateaux que, parfois, elle entrevoit.

De Roch elle a conservé un seul poème qu'il lui avait dédié la veille de leur séparation, ce texte même qui lui avait fait décider de trancher et de profiter de la fin de semaine que le «chum» passerait chez ses parents à Sainte-Foy pour carrément changer d'appartement, choisir le premier local venu, rue Marie-Anne Est, escalier vert, quatrième étage. Le poème est épinglé au mur, entre deux affiches de cinéma, *Les Ailes du désir*, Wenders, et *À corps perdu*, Pool. Clara le lit à voix haute:

Maudit soit le jour
Où je n'aurai plus la force
De dire
Non
Non à l'oubli confondu avec le pardon
Maudits soient celles et ceux qui se penchent
Pour plus encore vous écarter.
Les mouettes sont arrivées
Elles donnent l'alerte
La ville est un port
Le fleuve précipite
Maudits soient ceux qui ont tué en eux
L'enfant de tous les ciels.

Lui, enfant de tous les ciels? Pour qui se prenait-il? ce poème n'avait-il pas été écrit par commande et pour plaire, comme à une sortie de douche, la remontée de l'estuaire? Clara, sept mois plus tard, sait et admet que Roch la copiait et qu'elle aimait qu'il lui ressemblât. Cette confusion lui a fait prendre la décision de partir sans laisser d'adresse, plaisir de l'imaginer planté devant la porte de ce qui avait été leur logement avec, pour seule fortune, d'autres poèmes à écrire. Bien sûr il avait essayé de la revoir. Bien sûr elle avait tout fait pour l'éviter. Mais ça n'avait été qu'un jeu auquel ils voulaient perdre tant ils tenaient à l'idée que leur ville était capitale, tout sauf l'immense village qu'il devient quand deux êtres se quittent. Aussi, dans sa boutique de chapelière, Clara n'avait-elle jamais eu peur d'entrevoir Roch, s'approchant de la vitrine. Leur séparation avait été une manière de nouvelle liaison.

En malaxant la bouillie de pilules, Clara se dit qu'elle aurait peut-être voulu en savoir plus sur elle-même, le pourquoi, le comment, le jusqu'où, le d'où ça vient, le flegme du père, la rigueur de la mère, la férocité des sœurs entre elles, pas de frère et elle, la dernière.

Tout cela ne comptait pas, pauvre inventaire des poèmes quand ils ont un début et une fin, des films quand on les quitte sans regret, des chansons qui ne donnent pas envie de fredonner. Roch avait-il jamais compris qu'un chapeau aussi c'était un poème, du génie avec peu de matière, un mouvement, ponctuation ou simple accent grave? Roch disait des choses comme *je ne suis que ton manant* ou, *je suis un microbe, mets-moi sous une cloche de verre et tu verras des choses.* Parfois dans l'intimité elle l'appelait «frangin» mais jamais elle ne lui avait dit qu'elle aimait ses poèmes et que secrètement elle souhaitait qu'il ne les publiât jamais. Jamais non plus ils n'avaient vraiment quitté la ville pour un voyage lointain. L'hiver, ils n'avaient pas les moyens, Roch lui racontait des histoires. L'été, ils n'avaient plus envie de partir, la ville les tenait. Roch lui disait encore *ici, c'est beau, nous sommes libres et nous ne le savons pas.* Le jour se lève. Un jour gris et souffle un vent de cisaille. Jamais Clara ne s'est sentie aussi nombreuse; parce que le ridicule du bol avec la bouillie; parce que la comédie que l'on se joue pour devenir ce que l'on est; parce que ça n'a pas de sens, ou trop, et pas d'allure; parce qu'elle vient d'ouvrir la fenêtre sur rue et qu'elle a entendu le cri d'une mouette. Clara jette la bouillie. Elle va sortir. Elle sait que Roch est dans la ville. Elle le sent. Dans son ventre. Quel besoin d'en savoir plus?

Le 19 janvier.

Carnet 19

RUE RACHEL OUEST. *Le meilleur de la vie*. Le centre de la ville est célibataire. On y reste parfois jeune jusqu'à 50 ans. On y a le téléphone direct avec le ciel mais ça sonne toujours occupé. Une fois, Charles est tombé sur le répondeur automatique, *nos lignes sont présentement saturées, au top sonore merci de nous laisser votre nom et votre numéro de téléphone, dès que possible nous entrerons en contact avec vous*. Silence. Bip. Puis, «je m'appelle Charles, 777-1377». On ne l'a jamais rappelé.

En bas de l'immeuble, rue Rachel Ouest, il y a une plaque de fonte en bordure du trottoir. Elle donne accès aux égouts, brave fleuve qui va charrier toutes ces eaux usées. Charles parle à voix haute, «écoutez monsieur Rex, vous me dites que vous ferez le point sur moi dans 5 ou 10 ans, et si je n'en avais plus que pour 5 ou 10 mois?» En bordure de trottoir, la plaque est mal ajustée, ça fait *bing bong* dès que deux voitures ont à se croiser et voilà Charles réveillé.

Monsieur Rex est le patron du bureau de comptables. On y règle les comptes des impôts de ses clients. Charles vient d'être muté à Québec.

«Une promotion» a dit monsieur Rex. Vraiment?
Le célibataire Charles aime son centre-ville. «Il
faut aller au-devant des tempêtes», a lancé monsieur Rex au dîner, la veille, à la cafétéria après
avoir annoncé la nouvelle à son employé, belle
formule, un de ses classiques favoris.

Ailleurs, plus loin dans la ville, dans les îles
ou de l'autre côté du fleuve, ils vivent à leur
manière, à l'écart, l'esprit caparaçonné de toutes
sortes d'orgueils et de réticences. Ils ne dorment
pas à deux, mais à trois, avec le pouvoir, n'importe
quel pouvoir, petit ou grand, et la fierté d'un petit
bonheur qui échappe aux errances et souffrances
de tous les pays du monde. Il neige? On déneige.
On balaie le perron. «Nous sommes, au monde,
les plus près de la démocratie», rétorque monsieur Rex quand il sent qu'au bureau on va parler
de politique.

Au bureau, on règle des comptes parfaits. La
ville atlantique, si loin l'Atlantique et pourtant, il
faut la chercher dans le centre, au cœur de celles
et ceux qui n'ont que le pouvoir d'être, de n'être
plus ou d'être à nouveau ce qu'ils sont, heureux,
malheureux, tout mais pas mutés. Le futon est
encore défait. Charles a renversé un peu de café
sur le tapis, du noir, amer, comme il l'aime, en
allant ouvrir la fenêtre, *bing bong,* une voiture
encore, puis une autre. Une fille passe sur le trottoir d'en face. C'est la première fille en chapeau à
voilette de l'année. Elle a l'air garçonne, mais elle
n'est pas vraiment aux filles. Pour un peu Charles lui ferait signe de monter. Mais elle a l'air de
suivre le vol des mouettes, ivre de l'air froid. Des

mouettes à cet endroit-là de la ville? Ça se peut pas, et puis c'est vrai: elles sont venues exprès. Pour la fille qui tourne au coin de la rue, pour le camion d'un fleuriste qui passe *bing bong,* et pour l'enseigne du dépanneur qui éclaire pâlement en plein jour. Ça veut dire quoi «il faut aller au-devant des tempêtes?» Madonna, c'est son sur-nom, l'Italienne doyenne du bureau, divorcée, cinq enfants tous mariés, des photos de gosses partout dans les dossiers, cadres dorés, photos couleur, bébés roses et layettes bleues, dit de monsieur Rex, «vaut mieux qu'il parle, il est *bitch* en se taisant».

Charles sait que pour son départ ils ont acheté du vin blanc et de quoi croquer, à cinq heures tapantes, heure de fermeture. Dans trois semaines il doit prendre ses nouvelles fonctions à Québec. Pourquoi a-t-il accepté? Pourquoi s'est-il laissé faire? Charles passe un peu d'eau sur le tapis. Il a tout le temps de se faire beau pour le bureau, la parade et finalement l'insoumission. *Bing bong.* Il dira non. *Bing bong.* Il a une journée devant lui pour, ni vu ni connu, pour modifier toutes les données des logiciels. *Bing bong.* Il a une journée devant lui pour tout rendre faux. Et après, après, il trinquera avec eux. Après seule-ment. Comme toujours, seulement.

Sur un papier, il note *la douleur gomme toute capacité d'évaluer la souffrance et d'affronter encore. De la jubilation de la souffrance, de la fécondité de l'inquiétude: la douleur l'a emporté, je n'ai plus rien à écrire de naissant.* La note suffisait. Alice lui avait dit la veille de le quitter, «tu m'observes, tu me

pilles, tu me dévores, ton métier est meurtrier».
Et Charles est là, toujours, rue Rachel Ouest, avec
la maison, sa conscience pour lui tout seul, son
nom, toujours pas son adresse dans l'annuaire de
l'Union des écrivaines et écrivains, et le projet
d'un mentir et d'écrire «le» roman de «lui» qui
s'intitulerait *Le meilleur de la vie*. Tant de fois il en
avait trouvé la première phrase. Ce n'était jamais
la bonne, celle qui appelle, qui entraîne, celle qui
écrit tout ce qui suit. Il pleuvait sur la neige. Il
pleurait. La maison de briques rouges, en face,
devenait brune sous la pluie. *Bing bong*.

À chaque coin de rue, il lui faudrait enjamber de larges flaques et prendre garde aux voitures qui fusent, vous éclaboussent de la tête aux
pieds, une de ces rutilantes que l'on voit piaffer
dans les publicités, au beau milieu d'un film
(quand le héros, d'un regard, passe aux aveux,
quand l'héroïne, d'un geste, signale son désir) et
badaboum: laques invisibles, protections pério-
diques, assurances-vie, boissons pétillantes. Il y
avait cela dans les flaques d'eau qu'il aurait du
mal à enjamber; dans le ciel si gris que les mouettes s'y noyaient, cherchant obstinément un navire
en partance; de cette désespérance-là, il voulait
parler. Il voulait vite retrouver sa rue Rachel
Ouest ardente comme à l'été. Alice, qui sait,
reviendrait, en robe de soie. Quand elle lui donnait le bras, ça crissait un peu. Ils allaient à pied
jusqu'au Jardin botanique. *Bing bong*. «Non, monsieur Rex, je reste, je vous dis non». *Bing bong*.

Le 26 janvier.

Carnet 20

LA COMMUNAUTÉ *ARABE* compte aujourd'hui plus d'un milliard de fidèles. Dans la Péninsule arabique se trouve plus de 65 % des réserves mondiales de pétrole. Et voilà qu'un dictateur rêve de la gloire des califes d'antan quand ils régnaient sur la communauté des croyants. L'Histoire, telle qu'on nous l'enseignait, s'arrêtait aux Balkans, sujet redouté quand le professeur le choisissait pour l'examen trimestriel: personne ne comprenait la complexité de ces enjeux. Pas même le prof. Inutile de préciser qu'on n'étudia jamais les années de conquêtes, par Omar, beau-père du Prophète, qui agrandirent l'empire jusqu'en Mésopotamie (actuel Irak) et au-delà de l'Égypte, en Tripolitaine. Inutile de parler des rivalités entre Damas et Bagdad, de la guerre qui opposa Muawiya aux troupes d'Ali le 26 juillet 657 et la victoire des Omayades brandissant le Coran au bout de leurs lances, faisant flotter des étendards portant l'inscription *Allah O'Akbar,* Allah est le plus grand. Schisme, dissidence chiite, Ali se réfugia à Bagdad. Sa vision du Coran place la douleur au-dessus de toute pensée, avec une tendance marquée pour un destin

de martyr. Muawiya avait été sacré calife à Jéru-
salem. Saddam Hussein est l'héritier d'Ali. Et le
mécréant, après avoir proclamé une république
islamique mais laïque, au royaume mondial des
rusés, ne recule devant aucune ruse: sait-on qu'il
a pris la décision de modifier le drapeau de l'Irak
en y inscrivant le très (trop?) historique *Allah
O'Akbar*? Le fait n'a pas retenu l'attention. Quelle
sera l'attitude des troupes islamiques syriennes
ou égyptiennes face au drapeau irakien portant le
nom d'Allah? Ces faits-là échappent aux tacti-
ciens du Pentagone et aux renards de la CIA, ex-
patron Bush. Comme le disait une jeune étu-
diante interrogée dans les rues de Bagdad la
veille de l'ultimatum, «nous savons ce que nous
voulons et nous irons jusqu'au bout».

Et la veille de l'ultimatum la fille d'un soldat
états-unien interrogée dans les rues de San Diego
disait «je ne souhaite pas la guerre, mais si la
guerre éclate, ce sera la volonté de Dieu», *God's
will*. Bush va-t-il modifier le drapeau des USA?

Le froid a sorti ses couteaux. Au pays de
l'hiver il n'a jamais fait aussi froid, le froid du
dehors et l'effroi du dedans. Celles et ceux qui
sont contre la souveraineté, ne serait-ce qu'elle,
doivent se frotter les mains. Il y a eu Oka, puis la
crise et maintenant la guerre. Diversions, récession, on se sent à la fois à l'abri, et furieux, pri-
sonniers et gardiens de notre liberté, floués,
manipulés, trahis, conditionnés, informés, désin-
formés, surinformés, déformés. Il eût fallu donc,
à ce *Carnet*, faire la chronique d'une guerre

annoncée. Ci et là, pourtant, je le fis. Mais il fallait gueuler, clamer, répéter non, non et non. Comme le disait un pépé à sa dame, au *McDonald's* du coin (qui peut encore «se payer» le restaurant?), «la paix, ça ne se fait pas; ça se prépare». Trop tard. La guerre, elle, on l'a bien préparée et elle se fait, ô vaines diplomaties, ô pauvres de vous tous qui nous gouvernez. Cette guerre, vous nous l'avez bichonnée. Les exégètes distingués ont joué votre jeu. Les médias ont pris le relais. Depuis combien d'années a-t-on armé ce fou qui rêve de califerie? Qui a vendu les gaz et les missiles? Qui a vendu les chars? Qui a fourni le béton pour le *bunker* de Bagdad, 40 000 places? Fallait-il une guerre pour vérifier «sur le terrain» l'efficacité de vos armes? Marchands d'armes, ombres des politiciens de toutes les puissances, n'êtes-vous pas en train de faire déjà des calculs sur de futurs réarmements? Les questions se multiplient. Un soir, c'est la victoire absolue. Le lendemain, le Pentagone interdit de photographier ou filmer le retour des cercueils. Non. Et non. Et en plus, chaque fois qu'on mange un sous-marin ou un hamburger, c'est un peu de la forêt d'Amazonie. Gorby, lui, prix Nobel de la paix, en profite pour flinguer, sauver les meubles et son image. Avions-nous besoin de ce degré absolu de confusion et de conflit? Un seul mort est toujours de trop. Comme disait l'autre, coda, répétition, «la paix, ça ne se fait pas; ça se prépare», trop tard. Maudite réalité qui nous est imposée, maudites images d'horreur et leur déluge.

Lu dans le discours du dramaturge Friedrich Dürrenmatt prononcé le 22 novembre 1990 à Zurich à l'occasion de la remise du prix Duttweiler à Vaclav Havel, coédité par les éditions Zoé, 20 avenue Cardinal-Mermillod CH Carouge-Genève et par les éditions de l'Aube F 84240 La Tour d'Aigues, testament politique de l'auteur mort quelques jours plus tard, *la paix menace de devenir plus dangereuse que la guerre. Une phrase cruelle, mais pas cynique. Nos routes sont des champs de bataille, notre atmosphère est envahie de gaz toxiques, nos océans sont des cloaques, nos champs sont pollués par les pesticides, le tiers monde est pillé — de pire manière que l'Orient par les croisés autre-fois: pas étonnant qu'il nous fasse chanter à présent. Ce n'est pas la guerre, c'est la paix qui est mère de toutes choses, la guerre naît de la paix non maîtrisée. La paix, voilà le problème que nous devons résoudre. La paix possède la propriété fatale d'intégrer la guerre.* Et ce n'est qu'un extrait. Cela vaut le coup (titre: *Pour Vaclav Havel*) d'écrire (CH pour Suisse, F pour France), de le commander et de le lire à voix haute. Il y est aussi, d'une certaine manière, question du Québec. À voir.

Ainsi les USA ont eu leur «moyenne» guerre et ont pu tirer sur les avions en carton du califou Hussein, *made in Italy.*

On se réfugie dans la musique. Offrez-vous le CDC 749682 2 Emi, *Les Sept Dernières Paroles du Christ* de Haydn, sans les voix, par le Cherubini Quartet. Plus réconciliant, ça se peut pas.

On se réfugie dans la chanson. Quand donc

Richard Desjardins reviendra-t-il chanter à Montréal, à Québec, à Sherbrooke, partout où il fait, plus que jamais, bon espérer.

On se réfugie au cinéma pour voir enfin la version non mutilée de *L'Atalante* de Jean Vigo, 1934. La Gaumont, charcutier coupable, fait amende honorable 46 ans plus tard.

On se réfugie au théâtre d'Aujourd'hui pour voir *Les Reines* de Normand Chaurette avant que ce texte ne fasse le tour du monde, juste, plein de verve. Le grand art.

Et on va revoir, 20 ans plus tard, un classique de toujours avant-garde de Michel Tremblay, *Hosanna,* au théâtre de Quat'Sous. La pièce a pris un coup de vif. Lorraine Pintal l'a sertie en toute pureté. C'est un chant d'amour qui a de l'éternité. Et René Richard Cyr est pertinent, bouleversant, quel acteur, nom de Diable, et Gildor Roy est un impressionnant Cuirette. Voilà pour aimer.

Lundi j'irai écouter Jessye Norman, mardi j'irai écouter Barbara Hendricks. Y aura-t-il encore des places pour Pollini le 28? L'hiver a sorti ses couteaux, le froid oui; l'effroi, non. Trop tard? Il n'est jamais trop tôt pour espérer encore.

Le 2 février.

Carnet 21

DOMMAGE, Roland Smith qui promettait il y a trois mois de doter Montréal d'une salle offrant des films étrangers de qualité en version originale est, dit la formule, *obligé de renoncer* à son projet. J'avais déjà mes habitudes au Quartier latin qui formait un triangle de belle assise avec la Cinémathèque et le Ouimetoscope. J'y ai fait de bien beaux voyages en Chine, en URSS, en Italie, au Portugal via Wenders. Et à nouveau, on joue le commercial *Phantom*: tout un symbole.

Dommage, il n'y aura pas de 1 % du budget de la province alloué aux affaires culturelles. *Sur le terrain* de la langue, il va falloir faire encore plus pauvre. Il est vrai qu'on prête aux artistes de toutes disciplines, des fortunes qu'ils n'ont pas et qu'il est de bon ton fonctionnaire, les fonctionnaires gommeurs d'âme, de penser que dans le manque, l'isolement ou l'insulte, on crée mieux.

Maudites soient les feluettes quétaines en rude quarantaine, le sourire carnassier de la prétendue émotion qui vire à l'agression, et qui m'ont abordé; l'une dans un théâtre «ah, monsieur N, vous êtes très mondain, vous sortez tous les soirs!»; l'autre dans une salle de rédaction, «ah, monsieur N, j'ai eu l'extrême honneur de souper à côté de vous dans un restaurant entre Noël et le jour de l'An». Faut voir alors comment elles *circonflexent* leurs accents et dispensent leur venin de peine-à-jouir. «C'est la rançon de la gloire», commentera le niaiseux du coin. La gloire je m'en torche. Si je sors, c'est pour ne pas trop m'encabaner et ouvrir des fenêtres sur ce qui reste du monde, curieux de l'effort de création. Et je ne suis allé souper qu'une fois entre Noël et le jour de l'An. C'était avec Suzanne, au Continental, rue Saint-Denis, nous avions de l'ardeur et de la complicité à parler vie. Alors? Tibère et Tybalt, désormais surnommés Patavan et Patapoum, me disent «calme-toi». Je me calme. *So long,* les copines hargneuses.

Heureux courrier qui me parvient, lui, et me donne le vrai bonjour, l'anonyme, le si proche et lointain bonjour, celui qui exhorte. Merci à, à, à, et à, sans oublier à.

Brave Philippe Soupault, rescapé des surréalistes qui disait, sur la fin de sa vie, entrevue rediffusée récemment sur Radio-Canada, de René Crevel, *oui, mais il avait de si mauvaises fréquentations* (terrifiant «oui mais») et d'Antonin Artaud, *il était si douloureux qu'il faisait peur,* lequel Antonin clamait *pas de bien-portants qui n'aient trahi.* La peur, c'est la soupe à Soupault, tant de certitude et d'aplomb chez ceux-là qui jugent: ils sont saufs.

Sauve qui peut, Michèle Richard refait surface avec des manchettes (pas celles sur lesquelles Proust, dans le beau monde, prenait des notes, ce qui fit dire à Picasso, *regardez, il est sur le motif*). Non, pour la sublime Michèle (dans *Échos-Vedettes*, vol. 29, n° 3), c'est une lune de miel qui n'aura duré que trois mois et un époux qui *jette ses valises à la mer et l'abandonne aux Bahamas*. Le drame. Superbe prestation aussi à la télévision. Elle a interrogé «sa-star-à-elle» (entre stars, ça se fait), Venise Omni-Médias, vedette du *Bye Bye 90*, qui l'a félicitée, pour une gênante question de zizi-flonflon quotidien, d'avoir fait mouche, et d'avoir su *déséquilibrer son interlocutrice*. C'est donc ça la communication, mettre mal à l'aise?

Merci à Alice Ronfard qui nous donne à voir et écouter le Koltès de *Dans la solitude des champs de coton* à l'Espace Go. Même si le Dealer choisi a la voix et le jeu d'acteur pour Marivaux ou Claudel, le Client, lui, est parfait, l'esprit règne, le texte l'emporte. Encore du Koltès SVP. La langue y est à une apogée. Il y a des acteurs qui ont trop de talent, et de diction, pour exprimer le doute, le glabre. Encore une fois, il y a des textes qui triomphent de toutes les certitudes. Pourtant, Alice a de l'œil. Elle sait sertir. Découverte il y a pour le Québec. Prolongations?

Gare à nous, entraînés que nous sommes par les alliés, Saddam Hussein a déclaré, *rien ne mérite de survivre à l'Irak*. On frémit à l'idée d'un conflit sur le terrain. Aucune information n'est fiable. On voudrait en toucher par là au réel plus encore, se faire une opinion. Et si nous étions l'otage du Pentagone qui omet de dire que les États-

Uniens ont tiré sur leurs propres troupes (pas de mort) et sur un de leurs avions (20 morts)? Voilà pour hanter. Des morts. Et des images d'oiseaux dans la marée noire. Non. Comment dire non? Peut-on encore commander le catalogue de la société allemande Rhema-Labortechnik présentant les chambres à gaz livrées à Saddam Hussein? Conçues pour éliminer des animaux de petite taille, elles avaient été commandées six fois plus grandes. Non. Comment dire non? Et elles figuraient dans un catalogue de luxe, imprimé sur papier glacé. Le catalogue annonçait *chambres d'inhalation pour animaux*. Honte à nous. Et hommage à Jean-Pierre Chevènement qui a eu le courage de quitter (un peu tard?) son poste de ministre des Armées d'un pays allié. Il faut briser cette *logique de guerre* (!) avant qu'elle ne gagne le terrain, décime et ouvre des charniers. Non. Comment dire non?

Faut-il prier sainte Marguerite d'Youville qui employait des esclaves et à qui, semble-t-il, on a donné le Bon Dieu sans confession (voir *Le Monde* du lundi 10 décembre 1990)?

Légende. À la fin de la Seconde Guerre mondiale, deux jeunes volontaires états-uniens de 18 ans regagnent les forces aériennes du Pacifique. Lors de leur premier vol, ils sont abattus par les forces japonaises. Miraculeusement sauvés, ils flottent, à la dérive. Le premier est sauvé par un navire de son pays. Le second est repêché par un navire nippon. Les nippons l'ont mangé. Le premier est devenu plus tard patron de la CIA, puis vice-président, puis président. C'est Bush. À quoi pense-t-il quand il serre la main d'un Japonais qui lui apporte le chèque de support à l'action du Golfe de neuf millions de dollars?

Pour aller au Japon, il faut connaître trois mots, *hutaribomo*, tous les deux; *dokomi*, où?; et *itsu*, quand? Souvenir barthésien, *L'empire des signes*. Nous attendons un signe de paix.

J'avais écrit des chansons pour une amie admirée, chanteuse ô combien d'ici, celle qui a *le péché dans le visage*, y'en a qu'une (Michèle, elle, a du rimmel). Va-t-il falloir que je les réécrive? Et puis non, il y a un chant au-dessus des guerres et des tactiques, des stratégies et des horreurs. Chaque chanson, en soi, si elle est écrite avec cœur, est une colombe.

Certains jours de février, quand le soleil fait claquer le ciel bleu comme un drapeau souverain, on sent déjà venir le printemps, on croit à des jours plus fastes. *Je ne suis pas un intellectuel, je suis un homme de désir*, disait Char, René, celui qui re-naît.

Le 9 février.

Carnet 22

RIMBAUD. Deux fois je citerai René Char. Une première, pour le respect de l'*étrangeté légitime* de certaines amours, court poème écrit à Rodez en 1955, dédié à Michel Foucault et son ami d'alors, *compagnons pathétiques, qui murmurez à peine, allez la lampe éteinte, et rendez les bijoux, un mystère nouveau chante dans vos os, développez votre étrangeté légitime;* une seconde pour l'hommage de celui, grand, qui a persisté, *tu as bien fait Arthur de quitter le boulevard des paresseux et les estaminets des pisse-lyres.*

Rimbaud m'échappe. Je ne l'ai jamais lu deux fois de la même manière. Il me parle dans tous les sens, sensualité, sans jamais m'imposer une lecture, sans jamais chercher à se justifier. Il est pur et rude, il *sent marcher sur lui d'atroces solitudes*, il n'a rien à démontrer. Il est brutalement celui qui ne copie pas, qui ne se soumet pas aux vogues, celui qui n'inhibe pas ses penchants et pratiques sans pour cela les exhiber. Il est mon «je», pleinement «je», jamais le même, dans ma vie, depuis bientôt 50 ans et il a eu le cran de quitter les *boulevards* et les *estaminets*, les *paresseux* et les *pisse-lyres,* fourvoyé par un Verlaine qui (déposition du 18 juillet 1873) *ne s'arrêtait à aucun projet*. Chaque jour, au courrier, j'attends une lettre de Tadjoura me donnant de meilleures nouvelles. Y aurait-il masochisme à vénérer la plénitude du «je» rimbaldien, joyau dont jamais aucune relecture n'achèvera le travail d'extraction de la gangue. Certes gangue il y a, mais elle n'est pas là pour travestir, elle sertit le dire rimbaldien et captive la lectrice ou le lecteur en quête d'âme, *ô saisons, ô châteaux! Quelle âme est sans défauts? J'ai fait la magique étude du bonheur qu'aucun n'élude.*

Je me suis souvent demandé s'il y avait autant de vrais lecteurs de Rimbaud que de lecteurs de Proust. Aussi me suis-je bien gardé de dire que, depuis toujours, j'étais, je fus, je suis un récidiviste de cette œuvre qui nargue les *paresseux, pisse-lyres & Co.*, et qu'il demeure pour moi le modèle parfait du poète en sa vérité, véracité, voracité, tout ce que je n'ai pas su ou pu accomplir dans l'étroitesse de mes errances scribouillardes.

On ne peut parler de Rimbaud qu'en parlant de soi. Les multiples essais rhétoriques me laissent pantois. La lecture d'Arthur, le compagnon, l'ami de tant de «je», *nombreux*, me ramène à la constatation que je fus toujours un immigrant non vraiment reçu, tant à Paris qu'en Provence et même ici, toujours et partout. Je cite, *si j'avais des antécédents à un point quelconque de l'histoire de France! Mais non, rien.* C'est dans *Une saison en enfer* sous le titre *Mauvais sang*. Voilà pour me parler. Voilà pour contribuer à cet hommage, et ce dossier. Qu'est devenu le *mauvais sang*? Notre actuelle *saison en enfer*? Facile, dira le *pisse-lyre* de service. Et comme, pour ces lignes, je me faisais un sang d'encre, j'ai écrit, sur une carte représentant la célèbre photo de Rimbaud par Carjat, à un ami qui partage la même hantise et la même franchise rimbaldiennes que moi. Voici sa réponse.

Cher Yves, je reçois ta carte du 31 janvier 91 postée à Montréal. Merci.

Tu m'écris au verso de la photographie de Carjat (ah! *le rêve aux chastes bleuités*): «Une image, un souvenir, une pensée fervente, pour ne pas nous tenir en souci.»

Mais le souci résiste à propos de Rimbaud — parce que les *assis* ou les *accroupis* de l'Académie française, au terme d'un «centenaire» de la *Saison en enfer*, à l'abbaye de Royaumont en 1971, remercient pour ce «bel hommage rendu à Claudel» (sic) — parce qu'alors un intervenant naïf et sincère s'y fait prendre pour un «psychanalyste» abscon par la Société des amis de Rimbaud — parce qu'il *existe* une Société des amis de Rimbaud — parce que, de l'iconoclaste suffisant, au grand prêtre de la *pensée trafiquée*, chacun, à son tour, toujours et partout, prétend détenir l'ultime *formule* qui libère les *secrets* d'un texte qui n'en a pas — parce que les idéologues de tous bords, se prenant pour le «sup» d'*Un cœur sous une soutane*, croient avoir confessé Rimbaud à la caserne de Babylone comme à l'hôpital de la Conception, pavillon des malades payants, ceux qui payent les techniciens de la *bonne mort* — parce que des

«Lettres perdues» le sont au moment où une *vierge folle* et un *époux infernal* inaugurent leur *chemin de croix* (lettre de Rimbaud à Verlaine) — à moins qu'elles ne réapparaissent (*lâchetés en retard*) à quelques ventes aux enchères juteuses!

Mais aussi, cher Yves, parce qu'Arthur Rimbaud ose dire — que *dire précède penser comme voir précède savoi,* — que dire, *dit ce que ça dit, littéralement et dans tous les sens* — qu'écrire, ce n'est pas avoir des états d'âme mais visiter les choses pour les rendre évidentes dans leur nudité et éclatantes dans leur silence; puis, parmi elles, ouvrir des voies de communication: *cordes, routes, parapets, jetées, terrasses, ponts...*

— que le seul projet est *ici et maintenant*.
— que la *vraie vie* est *présente*.
— que la poésie jamais *ne va quelque part*.

— que seules les conclusions sont absentes et qu'écrire, en somme, est une formidable machine destinée à rendre exemplaire, mais non scandaleux, le fait de se taire.

Toutes ces raisons, Yves, expliqueront-elles pourquoi Rimbaud est pour moi devenu une «erreur» térébrante et vitale à la fois? Mais pour revenir à la légende de la photographie, «libre soit cette infortune» et toi, comme moi, tenons le *pas gagné*, littéralement et dans tous les sens, bien sûr. Je t'embrasse, Jean-Luc.

Merci ami. Faut-il dire que le *pas gagné* qu'il faut *tenir* signifie aussi ce qui n'est pas gagné et reste à conquérir, une perpétuité. Qui cache les lettres de Rimbaud à Verlaine? Elles nous manquent. On ne se remettra jamais de cet amour flétri ou amputé, Arthur eût su choisir, lui, le mot juste. Tout comme tu utilises l'adjectif *térébrant* (douleur qui donne l'impression qu'une pointe s'enfonce dans la partie douloureuse). Nous n'en finirons jamais avec le secret de cet adolescent que nous n'avons pas eu l'occasion, ou le courage, d'être. Hommage il y a, dans une actualité de guerre. Il faut tenir à ce dire-là, à cette mémoire à venir. De la vocation irremplaçable des mots et de leur ouvrage offensif, il faut tenir, brandir le langage à une apogée et s'obstiner à lire, relire, sans vouloir forcément comprendre, mais en épris, nommé, désigné. La poésie gagne alors sur tous les fronts. Comme l'écrivait Apollinaire (du front, justement) *je donne à mon espoir mon cœur en ex-voto.* Rimbaud encore, *ô cette chaude matinée de février. Le Sud inopportun vint relever mes souvenirs d'indigents absurdes, notre jeune misère.* Rimbaud est avec nous ce matin.

Le 16 février.

Carnet 23

OÙ IL SERA DIT qu'on est toujours l'émigré de quelqu'un, qu'on naît immigré de nos rêves à toujours songer à la réception, et que les autres s'acharnent à vous «faire avouer» une déception.

Où il sera dit que le «faire dire» est le plus ordinaire et performant des fascismes. Tout ce que l'on peut «faire dire» à l'actualité! Pour Oka (oublié?) qui survint si vite (trop?) après Meech, il est sain de lire *Oka: dernier alibi du Canada anglais,* de Robin Philpot, dans la collection Études québécoises, chez VLB éditeur. Ce document rétablit une vérité des événements, remet les êtres et les faits à leur place, dénonce la fourberie de tous les tenanciers du pouvoir, la fabrication et la manipulation de l'Histoire en cours. On en sort, à se demander plus encore, d'où vient la guerre du Golfe et ce qu'on nous en dit.

Où l'on dénoncera inutilement, et cependant on le fera, il le faut, les hystéries guerrières, la dérive inquiétante à tendance totalitaire.

Où il sera dit le privilège de ne pas se sentir ici vraiment au front et cependant l'effrayante toile de fond des événements quotidiens a de quoi nous houspiller. Tel souverainiste convaincu ne m'a-t-il pas dit récemment «ici on est nonchalant et déterminé, miné de nonchalance»? Qu'a-t-il voulu dire? La détermination, certes (lire le livre ci-dessus annoncé), et la nonchalance certainement qu'il faut sans doute entendre dans son sens habituellement fatal, comme une fatalité historique, la peur, qui sait, de ne plus se trouver «intellectuellement» dans l'opposition et de se retrouver à l'ouvrage. On a envie de dire à celles et ceux-là, le proverbe hébreu «pourquoi faire simple quand on peut faire compliqué». Le *compliqué* est douillet. Le *simple* est devenu rare.

Où il sera suggéré que nous n'avons plus le choix qu'entre l'utopie et la mort.

Où il serait dit qu'en cas de désaccord avec la proposition ci-dessus, nous devrions renoncer à toute «haute technologie».

Où l'on fera une citation, mais de qui, on le saura à la fin: *Quand j'entends prononcer ce mot:* la guerre, *il me vient un effarement comme si on me parlait de sorcellerie, d'inquisition, d'une chose lointaine, finie, barbare, monstrueuse, contre nature. La guerre!... se battre!... tuer... massacrer des hommes!... Et nous avons aujourd'hui, à notre époque, avec notre civilisation, avec l'étendue de la science et le degré de philosophie où est parvenu le génie humain, des écoles où l'on apprend à tuer, à tuer de très loin, avec perfection, beaucoup de monde en même temps, des pauvres diables d'hommes, innocents, chargés de famille, et sans casier judiciaire! Et le plus stupéfiant, c'est que la société tout entière trouve cela naturel!*

Guy de Maupassant.

Où, quotidiennement, il nous est donné de voir ce qu'il était humainement impossible d'imaginer. L'inhumain possible est à la forge des grands de ce monde. On s'arrache déjà les marchés de reconstruction de ce que l'on détruit. Les famines, les forêts, les migrations on s'en contreclaque. Ne sommes-nous pas en train de fuir l'Histoire?

Où il faudrait admettre que nous sommes désormais trop peu humains pour faire face aux exigences de notre survie. Qui nous a façonnés à ce point de disgrâce? Et comment? Comment ne pas être déchirés? Et gare à celle ou celui qui ne déchire pas la page de son déchirement. Le malheur a ses censeurs, ses polices et ses ironies.

Où il sera dit qu'à notre esprit défendant, nous sommes «menés» en province comme dans le monde. Le régal des intellectuels c'est l'échec. Ils n'ont plus la force morale de persister à être des ponts entre des cultures différentes. Nous allons à la catastrophe. Le conflit du Golfe va créer un *vide* qu'il sera trop difficile de dépasser.

Où il serait possible de dire, après Boris Vian, *l'humour est la politesse du désespoir,* mais le temps n'est plus à la rigolade, même Michèle Richard ne nous amuse plus, les guerres sont sans humour, sans plus aucun amour, et ne mérite que des impolitesses, c'est qu'ils veulent tous avoir raison, le fou comme les alliés, et que la partie d'échecs qui se joue est peut-être celle de l'échec de ce siècle au seuil duquel même un Guy de Maupassant passe pour un prophète.

Où il serait observé que les sacro-saints intellectuels, ces «chevilles ouvrières» tant du savoir que du détruire, ont désormais presque tous pactisé avec les mornes ministres de tous les morts, serviteurs obligés de l'argent.

Où il serait reconnu que certains d'entre elles et eux remettent (ou mettent enfin) en question leur manière de penser l'identité du monde arabe, comme ses relations avec l'Occident (le grand Accident du siècle) dont ils ne manquent pas de pointer le vide spirituel.

Vian, suite. Où l'on voudrait pouvoir sourire et rire, méditer durant les encore longues soirées d'hiver, d'un Alphonse Allais proposant, *le comble de la politesse: s'asseoir sur son derrière et lui demander pardon. Ou, le comble de la complaisance: rattacher aux arbres les feuilles qui tombent.*

Un ami professeur me signale le «dérapage» d'un de ses élèves qui, à propos du 15 janvier dernier, écrivit *ultime atome* au lieu d'ultimatum.

Où il sera clamé que les poètes, troubadours, chanteurs sont quasiment exclus par les divinités du Styx, ministres ci-dessus mentionnés, que dénoncer ne peut plus servir à annoncer, que cette fois les politiciens (ah, le récent discours d'un Mulroney!) auront bien le dernier mot et que nous nous retrouverons avec le premier, penaud, dans un monde dévasté où se signent déjà des contrats juteux de reconstruction. Je ne vois plus de différence entre un Bush-buté et un Hussein-hilare, je le dis, au secret (partagé?) d'un *Carnet* où l'humour ne peut plus percer.

Nous étions tant (trop?) prévenus; nous avions tant (trop?) prévu; nous savions tant (trop?) où nous menait la superbe de la science. Et même ici, loin, si loin, les regards ne sont plus les mêmes, tout comme par un sida, les baisers ont changé, l'amour et le recours aux gestes les plus simples.

Où il serait souligné que du coup d'éclat médiatique Crise puis Guerre, on oublie justement le sida, le choléra; çi les massacres incontrôlables; là les sursauts d'un communisme usé; et là; et là; et là: les nouvelles brèves sont encore plus effrayantes, comme si toutes les horreurs étaient autorisées.

Où il sera rappelé que Pollini viendra jouer Beethoven comme nul autre le 28 février; et que le film *Uranus* sort sur nos écrans et qu'on ne sait plus si le roman de Marcel Aymé est plus beau que le film de Berri ou inversement; que Richard Desjardins sera à Montréal fin avril au Club Soda pour trois soirs seulement; que le *Vautour* de Christian Mistrall publié aux éditions XYZ vaut plus que le détour: et il y en a qui parlent de clichés, de supercherie! Ce texte se boit comme un alcool fort, il est une perdition et une franchise en soi; etc.

Où il sera dit qu'il n'est pas interdit de se distraire pour encore plus s'interroger et que le printemps (à colombe?) ne saurait trop tarder.

Le 23 février.

Carnet 24

À L'ADRESSE de celles et ceux qui n'ont jamais pu ou su pleurer; et évidemment également, à égalité, à l'adresse de celles et ceux qui ont cette capacité, un bien grand risque, on les écarte; s'émouvoir et le dire, quel scandale! Les purs et prétendument durs, celles et ceux qui se contiendront et qui s'empêchent de jouir en temps voulu, les omniprésents retenus de la réjouissance, livrons-leur cette pensée de R. M. Rilke, *Les œuvres d'art naissent toujours de qui a affronté le danger, de qui est allé jusqu'au bout d'une expérience, jusqu'au point que nul humain ne peut dépasser. Plus loin on pousse, et plus propre, plus personnelle, plus unique devient une vie.*

On est toujours le cadet de quelqu'un. Jouhandeau ne lui avait-il pas confié, qu'à plus de 70 ans, on le considérait toujours comme un «ti-gars». Le «ti-gars» de Chaminadour l'avait prévenu de ce mauvais tour. Fallait entendre les plaintes de l'éditeur à Marcel, le grand, le chic, le Sébastien Bottin, concernant cet auteur à qui il fallait donner de l'argent et qui ne rapportait rien. Faut lire la correspondance de Claude Debussy, ou celle de Claude Monet, ou encore le journal

intime de James Ensor. Théo face à Vincent n'a
pas un si beau rôle et tout marchand et sincère
qu'il était, n'a vendu que deux tableaux de son
frère, de quoi s'arracher l'oreille quand on y croit.
En témoignent tant celles et ceux que la gloire (?)
récupère *post-mortem*, alors on fouine; que celles
et ceux tués à l'ouvrage de leur création et qui
demeurent tus. Nelligan n'a-t-il pas été sauvé de
l'oubli *in extremis*? Camille Claudel, Walser et
tant d'autres, la liste serait longue.

Le Carnet l'angoissait. Le rendez-vous hebdomadaire cependant lui donnait une raison de
vivre, l'illusion peut-être de se faire enfin des
racines, lui qui s'était toujours, partout, senti
estranger comme disait son vieux voisin de Provence, expliquant ainsi que Giono, en cette même
terre, se soit rendu à toutes les audiences du pro-
cès Domnici (un Piémontais d'origine comme lui)
pour recenser son vocabulaire français et comprendre, qui sait?, pourquoi on traitait ainsi le
patriarche dont les journalistes disaient volontiers qu'il se «murait dans son silence»? Et qui
était celui-là qui lui avait dit, lui, l'auteur de ces
lignes, après le *Carnet 10,* le ton superbement aîné
«oh, vous ne faites pas l'unanimité, un *Carnet*
c'est *un* sujet que l'on traite *jusqu'au bout*». L'unanimité? Voyons donc. Artisans, artistes, entière-
ment livrés à la trajectoire du javelot, d'une
œuvre, fût-elle dévoyée, n'attendant que des
petits signes de delà les murailles de la norme et
de la convention. Ce même aîné ne lui avait-il pas
dit après le *Carnet 20* «c'est mieux» comme un

maître d'école qui ne donne pas la moyenne et note «en progrès» ou une maîtresse d'école (elle s'appelait madame Pierre) qui biffait les imparfaits du subjonctif du petit garçon émigré à Paris-la-Dévergondée et écrivait en marge, *archaïque*.

Il n'aurait donc jamais eu la moyenne. Et il persistait, signait au risque de s'entendre dire «mais de quoi tu te mêles-tu?», ou «faut que tu te reprennes» ou pis, «on verra ce qu'il nous aura donné dans 5 ou 10 ans» ou pis encore, «quand j'ai lu ton dernier roman, ça m'a redonné envie d'écrire» alors qu'elle savait peu «écrire» mais seulement bien parler de ce qu'elle écrivait, malade de guérison, écorchée, «j'ai des millions de lecteurs» disait-elle. Oui, elle les «a». Et puis après? Elle aussi, comme tant d'autres, s'était montrée adverse et égoïste jusque dans l'affection, lui donnant un coup de rame sur la tête alors qu'il surnageait, à bout de souffle, comme toujours. Ça coûte encore plus cher de dire ce que l'on ne pense pas. Et le Trissotin de service de penser qu'il y a, à ce *Carnet*, quelqu'un qui règle ses comptes. Ça aussi c'est trop facile.

À la radio, on venait d'annoncer -20° pour le milieu de la nuit. On vit toujours pour un printemps qui tarde et un été qui darde. Le *Carnet* l'obsédait, obsédé sensuel qu'il était, au point de réveiller en lui, à l'automne de sa vie, un heureux sentiment de perpétuité qui ne l'avait jamais quitté, et maudits celles et ceux qui n'avaient pas pu, ou su, ou voulu, vivre ce sentiment-là. L'injure suprême, c'était l'usuel, «t'es parano».

Cet hiver à -20° il l'aimait comme une lectrice ou un lecteur lointains (il n'y a que les démagogues pour accuser de démagogie), pas de celles et ceux que l'on «a» mais de celles et ceux qui «sont». *Carnet*, lieu de paroles échangées, quand l'actualité impose, inflige, dicte, conditionne, harponne, gomme ce qui se nomme.

Ne lui avait-on pas rapporté les récentes déclarations de l'historien d'art Georges Steiner 1) *les critiques ferment les livres pour les autres*, 2) *se tromper par amour, c'est toujours recevable, se tromper par dédain, c'est toujours meurtrier*, 3) *il n'y a plus que l'art pour le commentaire; l'art est désormais uniquement prétexte à commentaires; c'est la fin de l'artiste.* Et Maria Callas de répondre à une question ironiquement piégée, *je suis un être humain, c'est pour ça que je chante mal.* Dont acte. Ce *Carnet*, apparemment en vrac et douloureux, il l'écrivait pour les exclues, les tenaces, les sensées et sensés, celles et ceux de sa race, avec un sentiment de coupure, il y avait tant de malins et de rapaces, celles-là et ceux-là mêmes qui n'avaient jamais pu ou su pleurer et qui chargeaient les *laissés-pour-marge* de l'âme de reproches qu'ils ne voulaient pas se faire.

Ainsi, donc, n'était-il plus question d'horribles actualités mais peut-être de ce qui y avait conduit: la dégradation de l'esprit critique, la victoire des exégètes distingués, l'indolence ou le fatalisme des peuples face à leurs destins respectifs. Était-ce là trop incisif? Et on avait presque décidé d'écrire ame au lieu d'âme, maratre au lieu de marâtre, abime au lieu d'abîme. Le petit Gascon n'avait-il pas appris que les gratte-ciel grattaient le ciel, singulier, et que les abat-jour abattaient le jour, singulier? Ou invariable, c'est selon. Il fallait ainsi rendre la langue *performante* et les ennemis de la réforme étaient traités de *pédants fixistes*. C'est celui qui dit qui est. Le rude hiver nous conduit et tarabuste. Le printemps n'en sera que plus beau. En attendant, il, l'auteur de ces lignes, nourrit les oiseaux du jardin. Et ça piaille.

Le 2 mars.

Carnet 25

LA GUERRE EST FINIE. Allons-nous chanter, *jupons de velours, avec des fleurs tout autour, qui sont si naturelles, que ça attire les mouches à miel?* Allons-nous, dans l'avalanche des taxes pour le règlement d'une prétendue facture, fredonner le *c'est la crise, c'est la crise, on ne peut pas l'arrêter, inutile de s'écrier, faut la laisser passer,* ou, *la fontaine est profonde, je suis coulée au fond* et la suite, première version de *La claire fontaine?*

La guerre est finie? Une guerre commence: celle des cultures. Le spectacle de sept mois de la guerre du Golfe a libéré d'un côté l'arrogance et le mépris, de l'autre la haine et la rancœur. Plus rien, jamais, ne devrait céder à la politique du pire, à l'esprit de vengeance, à l'impatience d'en finir, à la jouissance de justifier. Plus rien jamais, en principe. La limitation de la violence n'est pas un signe de faiblesse, elle appelle et commande la paix. Il va falloir se battre pour elle. Les problèmes libanais, kurdes, palestiniens n'ont pas été réglés. D'autres ont été occultés, çi le choléra, là le sida, et encore là, combien de fois faudra-t-il le répéter les famines, les migrations? Un million de Juifs d'URSS vont regagner Israël. Où vivront-ils?

Dans les territoires occupés? Se préparent d'inquié-
tantes régressions. Il faut sans tarder faire avan-
cer les reconnaissances mutuelles, ancrer celles-ci
dans les points d'accords et de consciences respectives subsistants, ou possibles. Le paysage de
ruines est en nous.

Le besoin de relever l'idée même de la politique se fait jour de toutes parts. Lesdites *grandes
puissances* n'ont-elles pas profité de la diversion
médiatique de la guerre du Golfe, et du manque
de réelle information qui nous empêchait de nous
faire, notre droit le plus élémentaire, une opinion,
pour prendre de rudes décisions, tenir des propos dévergondés, agir de manière barbare (Vil-
nius) ou présomptueuse. Tout cela est «guerrier
en soi»? Alors, on reprend les mêmes et on continue? Faut-il se taire et se terrer? Trop de commentaires messieurs les politiciens de tous bords,
ici et partout, partout ailleurs, même et surtout
dans les pays dits *libres*. Ne compte que la terre
que nous foulons, l'accueil que nous offrons, l'air
que nous respirons, la langue que nous parlons,
la possibilité de dire que l'on aime quand on
aime. Il faut livrer la paix comme d'autres, à
notre esprit défendant, se livrent à toutes sortes
de guerres et de commerces, diffèrent dans la
confusion, palabrent, font semblant de consulter
et finalement grugent l'une, trompent l'autre, les
individus, avec toujours le bon prétexte de la
démocratie de leurs élections, tout dans les promesses et puis après, tous les mêmes, fous de
pouvoir. Je répète: le paysage de ruines est en

nous. Je précise, actualité, la guerre du Golfe n'a rien réglé et ce n'est certes pas une victoire, tout juste un avertissement: la fraternité universelle est enfin, plus que jamais, en question. Il y va du sel et de la terre, de l'eau des sources, et non plus du saccage, des tactiques, des marchés, des performances.

Qui m'a dit «je ne suis pas déprimé, je suis opprimé, l'oppression de l'opulence»? Et certains d'estimer qu'il ne s'agit là que d'une formule.

Qui a dit à quelqu'un qui me l'a répété «on passe la crise quand on a compris qu'on ne pouvait pas la résoudre. On la dépasse. On se surpasse»? Et on ne capitule pas. Ainsi les paroles circulent.

Qui m'a dit, un appel longue distance, nous étions étrangement proches, «c'est l'imaginaire qui fait vivre» et «la peur te gardera près de toi»?

Lu dans une lettre de Victor Hugo écrite le 8 février 1870, à Guernesey, *il est bon d'avoir des ennemis, mais il est bien bon aussi d'avoir des amis. Les amis prouvent la même chose que les ennemis, c'est qu'on va au but.* Et si l'objet qui est observé, règle élémentaire de physique, change sous le regard de l'observateur, cette phrase-objet ne peut avoir qu'un seul sens, qu'une seule apparence: aller droit au but, la paix, au risque de l'utopie, dussions-nous en crever d'isolement car les amis sont rares et les ennemis pullulent et au premier rang, celles et ceux-là qui furent amies, amis, et qui ont prétexté «de la gêne» pour ne pas faire un bout de chemin avec vous.

Lu dans Thomas Bernhard, dont l'immense et cinglant roman *Extinction* vient de paraître chez Gallimard, *nous nous réveillons et nous ne voyons que débilité et monstruosité. Je m'ennuie mortellement mais avec cet ennui mortel, je suis quand même plus content que si je ne m'ennuyais pas.* Je ne veux ni ne peux souscrire à de tels propos. Pourtant tout me crie d'y adhérer. Ce lendemain de guerre est une chance pour la paix et ne sommes-nous pas, par habitude, par lassitude, par épuisement, en train de piétiner cette chance-là? Comme ce *mortel ennui* m'est familier, signe et sceau de ce siècle à sa fin!

De Joseph Beuys, *l'humain est la solution ultime à tout problème, car il en est la cause.* Sans commentaire.

De Paul Valéry, *la guerre est un massacre de gens qui ne se connaissent pas au profit de gens qui se connaissent mais ne se massacrent pas.* Un seul commentaire: un mort eût été déjà de trop. Il y en eut des centaines sous les bombes et sept soldats alliés, la veille du cessez-le-feu, mitraillés par erreur par un avion états-unien, non.

La guerre est finie? La guerre pour la paix commence. Et si le *Carnet* se charge de citations c'est que l'écolo que je suis, pas très rigolo en ce moment, terriblement capable de l'être quand la nature et toutes les natures s'expriment, explosent (fini le temps des implosions et des involutions dans l'ennui?) veut bien laisser le dernier mot aux imbéciles qui se croient heureux, et partager le premier avec tant et tant d'autres qui ont su clamer.

Il faut gueuler aussi que le virus de la répression, exemple entre cent, gagne plus «particulièrement» le sida. Mesures de dépistage ou chasse aux sorcières? Ainsi, à Cuba, au Chili, en Grande-Bretagne, en Suède, en Bavière, en Chine, en Afrique du Sud, les États prennent pour cible *non pas la maladie mais les malades*. Les déséquilibres actuels sont sans précédent historique. On devient une porteuse ou un porteur de sida et non plus un être humain. Et ainsi de suite.

Il n'y aura pas de petit couplet final sur le printemps: il n'a qu'à arriver celui-là depuis qu'on l'attend. Avec la paix S.V.P.

Le 9 mars.

Carnet 26

ONTRÉAL le 16 mars 1991. Cher C. Ainsi
je me donne cinq pages, scrupuleusement manuscrites, incapable que je suis
de taper à la machine depuis mon accident céré-
bral d'il y aura sept ans, cette année, pour tenter
de te dire les raisons de ma venue au Québec.
Ainsi m'appelles-tu de Paris (qui n'est pas la
France) pour me dire avec une fidélité ô combien
touchante parce que éminemment sincère, que tu
veux écrire dans un magazine qui t'ouvre ses
colonnes, une page pour dire que *je* vous *manque*.

Je tiens, par ces quelques lignes, puisque
nous nous sommes connus il y a fort longtemps
et revus (ou plutôt fréquentés) plus du tout
ensuite, à corriger d'avance les communes opinions de mon humble (mais oui!) sujet qui ont
contribué à un rejet que j'ai pris de court en
pliant bagages. Ainsi l'expression d'*écrivain homosexuel*. Il n'y a pas d'écriture homosexuelle. On
est écrivain *et* homosexuel. On naît écrivain. On
ne le devient pas. L'écriture ne procède pas d'une
décision, d'un délibéré, d'un appel de marché. Ça
vous tombe dessus, tout de suite et pour toujours. C'est une condition inhumaine. Et je re-

citerai, ce qui est la devise du *Jardin d'acclimatation*, phrase extraite d'un courrier de Gustave Flaubert (le n° 1 toutes catégories) à son ami Ernest Feydeau (le papa de Georges), en 1839, *les bourgeois ne se doutent guère que nous leur servons notre cœur. La race des gladiateurs n'est pas morte, tout artiste en est un. Il amuse le public avec ses agonies.*

Combien de fois ai-je entendu parler de *narcissisme*, de *parano*, d'*écorché vif*, il y eut même un frère en amour, pour écrire la veille du Goncourt, que j'étais *atteint d'incapacité syntaxique*; et un autre, à propos du *Cœur qui cogne*, que Navarre n'était *même pas* mon nom. Comment pourrais-je écrire autrement que sous et dans mon nom, le vrai, un nom de Gascon ordinaire, l'identité étant le nerf même de mes tentatives de fiction? La langue française aussi, au même titre que mon nom, est mon encre et ma palpitation.

Les frères en amour me furent toujours ennemis, du moins les militants de la parade, parce que je revendiquais, non le droit à la différence, mais le droit à l'indifférence: entre deux êtres humains, quelle que soit la sexualité de leurs couples, c'est toujours *du sentiment,* le même, indifférent.

Je me suis usé à Paris à ne vouloir qu'être ce que je suis, devenir ce que j'étais, persister et signer, incapable de flatter les flatteurs, de jouer le jeu des écrivains de métier et de caste, souvent critiques eux-mêmes, ravis de perpétuellement s'encenser. Hors «je», je demeure. Je demeurais parqué à Paris, et Paris après le Goncourt me fut un lieu d'exil: on ne parlait plus de mes romans. J'ai tenu quatre ans, puis j'ai eu cette congestion, souvenir carcéral d'hôpitaux que je fuyais l'un après l'autre pour me retrouver seul à réapprendre à parler, à marcher, à écrire, et circulait l'habituelle rumeur, celle-là même qui décimait tant et tant de proches, alors uniquement liée à nos amours en principe libérées de tous regards torves. Cinq ans de misère morale à traîner dans une ville où je sais trop quels tenanciers m'ensevelissaient. C'est là de constat et non de *parano* comme disent les faux-derches, les faux-artistes. Le hasard bienfaiteur d'un voyage à la ville de Québec m'a rapté. J'ai choisi de venir vivre ici, à Montréal, seconde ville francophone du monde, ce qui me restait et me reste à vivre. La langue ici est un combat. Je suis arrivé amoureux, plein d'une vitalité retrouvée. Les hivers ne me faisaient pas peur car un printemps, bref certes, et un été ardent, viennent récompenser. À Paris il n'y avait plus de saisons et tant de fatuité.

J'ai publié ici deux romans, *La Terrasse des audiences au moment de l'adieu* et *Douce France* chez un éditeur du Québec, pure et dure décision. Ce fut avec lui, dans l'exaltation et les malentendus, les vaines promesses et un inespoir qui a versé en mai dernier au désespoir, le presque même échec qu'avec les éditeurs parisiens, à ceci près que mes romans n'étaient même plus distribués dans les pays francophones et que la critique, si friande ici des maudits Français qui passent pour ne faire que passer, se sont montrés aussi silencieux ou

pernicieux qu'à Paris-la-Dictée (celle qui dicte).
Un espace de liberté m'a été donné dans un journal qui publiera cette lettre, ce sera le *Carnet 26,*
j'ai donc tenu le coup six mois.

Des *clones* il y en a partout. Le petit Gascon,
immigrant non reçu à Paris pendant plus de 40
ans, n'a plus 40 ans devant lui pour se rendre
compte qu'un orgueil justifié, historique, empê-
chera la réception même si le passeport men-
tionne *immigrant reçu,* même si quelques amies et
amis (plus nombreux qu'à Paris où personne ne
voit plus personne) me tiennent et me signalent.
Mais plus j'écris plus je doute, plus je vieillis plus
la rumeur me hante et plus les séquelles de l'accident («état ébrieux permanent» disent les méde-
cins) refont surface et m'immobilisent. L'argent
qui me venait de mes parents, je l'ai déjà dépensé.
Ne reste qu'une seconde maison, celle de l'après-
mai, belle parce que je l'aime, et un jardin où les
chats vont et viennent heureux, eux. Et moi ni
souffreteux ni heureux; ni jeune ni vieux; fourbu,
avec le précieux sentiment de dernière ligne
droite avant la fin.

J'avais des projets de théâtre ici: *niente.*
J'avais des projets de chansons: *niente.* J'ai commencé 10 romans: écrire c'est infinir, inachever,
crier et rire. J'attends seulement l'été, les rosiers,
les treilles, des fleurs à foison, pas de ces fleurs
coupées que l'on m'envoyait dans les hôpitaux et
qui disaient «je ne viendrai pas».

Et les intellectuels d'ici ont la douce-frousse
de la souveraineté du Québec. Tout comme les
intellos de Paris n'ont pas pu faire leur immé-

diate conversion psychologique quand, en 1981 (10 ans déjà!), la gauche venait, enfin, au pouvoir. Les intellos de Paris comme les intellectuels d'ici tiennent à leur *opposition*, à leur (néologisme) *réservisme*.

Malgré tout, un «malgré tout» sans chagrin, je suis ici plus heureux qu'à Paris où il n'y avait plus aucune entrée de secours. Je relis la phrase de Flaubert sur la race des gladiateurs. Il dit bien *tout artiste en est un*. Pas l'ombre d'un jugement de valeur. Un artiste qui est, et qui devient ce qu'il est. C'est tout.

Je sais que tu es en train de lire les bonnes feuilles de *Ce sont amis que vent emporte*, roman à paraître, roman qui m'est tombé dessus, qui s'est écrit, ici, plus que je ne l'ai écrit. Il sera publié à Paris qui au moins distribue. Mais, ne m'y a-t-on pas dit à son sujet, *le marché est saturé, le sida n'est plus à la mode*? Être ce que l'on est et naît n'a pas de prix. Contre toute attente, je tiendrai. Bien le bonjour à la France qui est plus vraie que sa capitale. Dont acte amical.

Le 16 mars.

Carnet 27

SALUT ELSA, c'est Misaël. Il n'est jamais trop tôt pour bien faire. Je sais que tu te penches dans mon dos pour lire, au-dessus de mon épaule, ce que je vais et veux t'écrire. Je le sais parce que je le sens. Quand m'as-tu dit, *très vite, les amis qui se disent proches et prêts à t'aider, te donneront l'impression que tu les talonnes, que tu les harcèles. Il ne faut rien demander à qui que ce soit, ne rien attendre de qui que ce soit?* J'avais sept ans. Et toi, 37.

J'ai fait le calcul: tu étais l'aînée de petit-père, son aînée d'un an. Quand m'as-tu dit *la peur te gardera près de toi?* J'avais 10 ans. Et toi 40. L'année de ma première communion. Tu m'avais offert un réveille-matin *made in Japan*. Pour ma première communion on m'a offert sept réveille-matin. C'est le tien que je préférais. Il venait de loin.

Salut Elsa, cousine germaine de petit-père, qui fut élevée avec lui. On disait *tante Elsa*. C'était plus simple et c'était vrai. Tu étais la célibataire, la pas-mariée, la plus jeune agrégée d'histoire et géographie de ta génération, les deux matières, alors, allaient de pair. Et pour fuir les ragots de la famille ou pour plus joyeusement t'offrir le luxe de saluer pour nous le monde, tu avais choisi de professer partout, Colombo, Tananarive, Buenos Aires, Dakar, Benares, Lima, Auckland. Chaque année, au printemps, tu nous revenais, rayonnante. Je n'ai de toi que des images souriantes et ton rire, aux éclats, quand très vite, tout de suite?, tu te querellais avec Renzo, mon père, pour une peccadille, un détail de l'histoire, le nom d'une région, d'une baie, d'un volcan. Quand m'as-tu dit *tu as le regard rejeté. Gare, ils ne veulent pas de toi. Je connais l'histoire. Si au moins tu pouvais écouter et me croire.* J'avais 13 ans et toi, 43.

C'est à l'âge de 11 ans que je te fis pour la première fois l'aveu de mon désir de mourir. Tu m'as pincé la joue et tu m'as dit *seul l'imaginaire fait vivre* puis *les témoins ne se suppriment pas.* Jamais une ombre dans ton regard. Je ne t'ai connue qu'à des printemps ou des étés. L'automne tu repartais. L'hiver j'avais droit à une carte. Et c'était souvent l'été là où tu enseignais, là d'où tu m'écrivais.

Stop. Le roman s'intitulait *La Rivière enchantée.* Je voulais parler d'Elsa, Margot en réalité. Et puis tout se chamaille dans ma tête, parfois, on dit tout, tout de suite, terrible première page. Qui ne l'a jamais écrite, cette page-là? Et Misaël, moi, reprend son *Carnet,* s'y tient, s'y contient. Il n'a rien à démontrer. Il montre. C'est comme ça que ça se passe. On commence et puis on s'arrête. Le *Carnet* alors semble dire «ça m'appartient». Et le roman s'arrête là où le *Carnet* commence. C'était quoi *La Rivière enchantée,* et où?

Margot m'avait prévenu, ça je ne l'invente pas. Elle avait la force de se moquer des moqueurs, moi pas; et de railler les railleurs, moi pas. Elle avait le goût du contraire, non par contrariété, encore moins par superbe, elle avait toujours raison, c'est tout. Elle s'était échappée de la famille avec gaîté, me sentait désigné et eût souhaité me prévenir. Il y avait de la férocité dans sa bonne humeur, un paradoxe qui à tout propos la protégeait des assauts mesquins. Je n'ai pas su (ou pu) l'écouter. Dans ma famille, ce fut tout de suite trop tard. Sa vie privée, *privée de rien* disait-elle en riant, je n'en connais que de vagues détails. Elle aussi, dans les années 50, pensait que la Nature se défendrait toute seule. Si elle voyait le carnage, le résultat de tous les marchandages. L'après-midi de sa mort elle m'a dit *plante un arbre pour moi, un cerisier, ça fait de la neige au printemps. Perpétue les gestes de la famille.*

J'avais aussi en janvier commencé un autre roman, *Petites choses de la vie sans importance.* Encore une fois, ce roman n'était qu'une forme dévoyée de journal intime et ça, les fourbes n'en veulent pas. Il faut de la «fabrique», de la fiction qui ait l'air de fiction, l'ombre portée de celle ou celui qui écrit ne doit pas passer sur la page. L'ombre, pourtant, c'est la fécondité. Les 20 premiers chapitres de ce roman-là, sincère égarement, dorment dans un tiroir. C'est ce que j'ai «écrit pendant la guerre du Golfe». Mon substitut s'appelait aussi Misaël. Une soumission à la mascarade littéraire? Reste que j'ai grandi, vieilli même, et que j'attends toujours. Qui? Quoi? Pourquoi encore?

Le ballet de l'après-guerre me semble ridicule. Chacun se bat pour sa part de gâteau. Et il n'y a pas de victoire. Tout était et demeure entre les mains de Shamir. Les marchands sont là pour reconstruire ce que l'on a détruit. Il y a péril entre la société technicienne et le tiers monde. Partout, et ici même, les peuples ont mal à leurs racines. Mais ici, après Meech, après Oka, après le Golfe, diversions, les politiciens nous repassent le virus de cette maladie qui s'appelle *consultativite aiguë*, ou dans sa forme ordinaire *thérapie consultative*. On ne dit plus oui, ou non, mais *noui*, ou *nouais*. C'est à n'y plus rien comprendre, ici, comme partout ailleurs. Quel jeu se joue dont nous ne sommes que des pions? Comment alors retrouver la grâce de l'enfant capable d'émerveillements? C'était un beau titre *La Rivière enchantée* mais ça ne se peut pas, ça n'existe plus. D'ici à ce que ça devienne *chacun totalement pour soi* et *vies privées de tout*, il n'y a qu'une petite décennie de plus, et encore. L'enfant Misaël, ou l'enfant-Yves, devrait accorder sa lyre. Mais le brouhaha l'emporte. Et nous nous laissons faire? À suivre.

Le 23 mars.

Carnet 28

LES CITATIONS sont les pépites du temps qui court. Rien ne sert de les consigner, elles viennent à point nommé, avec leur charge messagère.

Ainsi, Alan me cite dans un courrier une phrase de Périclès d'après l'historien Thucydide, et m'en donne deux traductions, belles également dans leur confrontation. La première, *nous savons concilier le goût du beau avec la simplicité et le goût des études avec l'énergie.* La seconde, *nous aimons la beauté à l'intérieur des limites du jugement politique et nous philosophons sans le vice barbare de la mollesse.* En clair, cela signifierait que l'amour du beau comme celui de la sagesse, à égalité, également, seraient redevables aux institutions politiques. Nous sommes si loin de la Grèce antique et de son rêve démocratique. Je pense, ces jours-ci plus particulièrement, à cette manière que les États-Unis et leur shérif ont de mettre le Québec sous haute surveillance, la pire, celle qui ne se dénote pas, celle aussi qui se marchande. C'est donc sur tous les fronts le même jeu, et Alan d'ajouter à la fin de sa lettre, *de quelle mentalité s'inspire-t-on pour cette «fabrication et manipulation»* de l'Histoire en cours? Qui sont ces «serviteurs obligés de l'argent»? Et les artisans du «détruire» ne sont-ils pas les mêmes qui s'acharnent à produire? Le message est transmis.

Ainsi, l'amie Suzanne me cite le poète Jacques Brault, un extrait du roman *Agonie* paru chez Boréal Express, texte d'éminente attention, tout en perspectives, il fait bon s'y nicher, *écrire, aimer, il n'est jamais trop tard pour s'y mettre, il n'est jamais insignifiant ou désastreux d'échouer. J'écris donc dans le but de renouer un fil cassé, de retrouver la force et la douceur de certains mots, de certains silences — trahis.* Voici donc un lieu de paroles. L'actualité casse cent fois le fil, et l'écrivain renoue, l'être humain alors s'ébroue, on recommence, on continue, on persiste. De Suzanne aussi, une belle lecture, de celles que l'on peut glisser dans une enveloppe et adresser çi ou là, à l'amie ou ami qui attend encore plus d'émotion, son droit; et de partage, son dû. Peut-on encore se procurer *Plages du Maine* de Suzanne Jacob chez NBJ, Jean-Yves Collette éditeur?

Éric, lui, m'écrit de Québec, *que pouvons-nous faire d'autre que de contempler l'absurde et de témoigner vainement de cette réalité ratée? Faut-il vraiment espérer le printemps?* Il est presque là, celui-là, mais, un vrai «mais» chagrin, on voudrait pouvoir le goûter *comme avant.* Les tenanciers de l'Histoire auraient-ils un secret autre que celui de la destruction, de la braderie, du mensonge?

Kierkegaard disait *il n'y a rien sur quoi plane autant de séduction que sur un secret.* Il ajoutait, *et de malédiction*. Quel est le secret maléfique, des séduisantes campagnes de publicité d'Hydro-Québec ou de *McDonald's* qui distribue un prospectus intitulé *l'environnement, une préoccupation de premier plan*? Leurs frites sont-elles de vraies frites? De quoi serait faite leur pâte à frites? Et puisque nous sommes au rayon restauration, ne devrait-on pas suggérer aux restaurateurs de la ville, pas seulement chinois, vietnamiens, thaï, indiens, libanais mais également italiens ou de prétendue «nouvelle cuisine», d'avoir la main moins lourde avec le MSG, monoglutamate de sodium, et d'afficher à la porte de leurs établissements *ici, pas d'Accent*? Nos grands-mères appelaient ça *l'Accent*, ça relève un peu le goût, ça donne meilleure allure et après le souper on se demande pourquoi on ne dort pas une seconde. C'est tout simplement toxique, le mot est-il trop fort? C'est aussi du savoir-vivre.

Au plus vif encore: ne devons-nous pas, selon nos âges respectifs, admettre les extravagances, les inadvertances des années, 50, 60, 70, car nous pensions, face au tiers monde notre tire-lire, que nos ressources étaient inépuisables? Et encore: exemple hélas récent, loin du spectacle granguignolesque des gesticulations télévisuelles, la guerre ne vient-elle pas, à nouveau, de nous montrer son vrai masque: celui d'une atroce boucherie dont les innocents sortent toujours perdants et la justice rarement victorieuse. Une victoire? Ça?

Pendant ce temps-là tant d'intrigues. Je songe à la dernière œuvre de Brahms, un choral dont l'intitulé est *quelle joie de quitter l'amertume de la terre*. Il est dit après *Jésus appelle-moi bientôt* mais ça, c'est son problème. Pour moi Jésus ou Allah & Co., c'est l'arbre que j'ai planté dans mon jardin le jour de mes 50 ans, un *ginkgo biloba*, l'arbre aux 40, 100 ou 1 000 écus selon les légendes, un arbre à feuille bilobée qui inspira à Goethe *est-ce un être vivant, qui s'est scindé en lui-même? Sont-ils deux qui se choisissent, si bien qu'on les prend pour un seul?*

Des arbres, il est question dans *Oncle Vania* de Tchekhov qui part en tournée avec le TPQ. On pourra donc à Belœil, à Joliette, à Sept-Îles, à Baie-Comeau, à Chibougamau et dans 10 autres villes du pays, entendre Astrov, un médecin qui plantait des arbres comme dans Giono, et Vania déclarer, *jour et nuit, la même pensée qui m'oppresse, le même démon dans ma poitrine: l'idée que ma vie est irrémédiablement perdue. Rien derrière: le passé s'est perdu à des futilités; et le présent est effrayant d'absurdité.* Voir et entendre aussi Jean-Louis Millette en professeur Serebriakov, personnage receleur de toutes les menaces et de toutes les bontés en pure perte, si férocement vrai qu'on se demande où finit le théâtre, où commence la vie. La pièce est-elle là trop «jouée», ce n'est pas à moi de juger.

C'est toujours la même histoire et ça vaut la peine de la raconter. La peine amoureuse. La peine peureuse. Et il n'y a pas de hasard: si

Jacques Brault, Suzanne Jacob, Alan, Éric, l'autre
Suzanne, côtoient ici Périclès, Kierkegaard,
Brahms, Goethe, Tchekhov, c'est qu'il y a de la
sérénité et du courage dans la mélancolie. Mais
où nous traîne-t-on donc? Question: comment
mesurer la part de mélancolie qui nous est *propre*
de celle qui nous est infligée? Les jours de
Pâques, soleil blanc, avant d'aller à la messe obligatoire, je me sentais *propre* comme un sou neuf.

Le 30 mars.

Carnet 29

ON VOUDRAIT pouvoir répondre au courrier.
Mais les lettres reçues, si bien venues, en
temps voulu, rudes et simples, généreu-
ses, sont déjà une *réponse en soi*. *La vie dans l'âme*
eût pu devenir *le vague à l'âme* s'il n'avait pas été
inspiré par l'une ou l'autre, celui-ci, celle-là, ici ou
là, pas toujours du centre de Montréal où je
m'encabane, fragiles liaisons. Gare à celles et
ceux dont je suis de naissance, d'itinéraire et
d'errance, qui ouvrent leur cœur. On les traite
vite de *chialeux*. Et les teigneux, celles et ceux-là
qui liraient ici de la coquetterie, de veiller à la
chialerie: ça les conforte. Ils se croient plus forts
parce que au-dessus de la mêlée de l'actualité.
Heureux courrier qui a le premier mot.

Libre à moi de penser que Mulroney a une
voix qui hausse les épaules et un goût pervers ou
politicien, au choix, pour les vieilles querelles. Je
suis venu au Québec pour devenir québécois, surtout pas canaméricain. Et il y a du régal dans cette
manière que Bourassa a de louvoyer, le regard
vide, le sourire lisse. Que veut dire pour lui, *taxer
les livres, c'est imposer l'ignorance*? Les livres sont
désormais taxés, c'est révoltant. C'est fait. Il fau-

drait savoir ce qu'en pensent les libraires. Et ce
que nous avons dit, clamé, n'a servi à rien! Tout se
passe comme si, sur le lac *Après-Meech*, Oka
aidant, la crise puis la guerre du Golfe assaillant et
la récession menaçant de plus en plus, on nous
menait en nouveau bateau. Un temps précieux a
été perdu, mais où sont les valeureux d'antan? Les
autres, les atteints de *consultativite aiguë,* ont gagné
du temps, leur temps mort et morne, pauvres libé-
ros (on dit bien hétéros, toxicos, paranos, etc.) pri-
sonniers de leur libéralisme (comme partout
ailleurs) et piètres conservateurs à l'abri de leurs
cans dont (comme partout ailleurs) on a perdu
l'ouvre-boîte, jusqu'à son mode d'emploi.

À lire et relire les éditoriaux *Le Compte à rebours
1* et *2,* parus dans ce journal, je me dis, comme l'ami
spécialiste de l'histoire du Québec, «je sais très bien
ce qui va se passer, j'ai déjà vu neiger».

La commission Bélanger-Campeau a subtilement subtilisé les cartes maîtresses et brouillé les
autres. C'est du travail qui, à force de dépiauter
et reporter le problème, va le déporter. Quand
bien même l'objectif eût été de concevoir une
solide fusion dans une Constitution, le résultat
n'est que de pure confusion, 1992 serait l'année
des calendes grecques. Les malins ont mille et un
tours dans leur *sac à malices* pour parler au ventre, au portefeuille, au *char* acheté à crédit et plus
vraiment à l'esprit. Puisse chaque être humain
être le témoin de sa propre histoire: il devient
alors plus exigeant. Je cite là Brecht qui fut un
poignant itinérant.

Et si je lis les nouvelles du monde, je vois que partout les peuples de toutes les provinces sont floués. Toutes les peurs sont bonnes pour les politiciens de tous bords. Les fusions sont donc impossibles, en avant pour les confusions. Même la guerre du Golfe n'a pas eu lieu. Je cite là Baudrillard (*Libération* du 29 mars), autre maître à penser dont je me demande s'il est, comme les autres, toujours d'utilité publique. Ces voix-là sont-elles encore entendues, ou préfère-t-on s'en tenir aux reportages que Michèle Richard fit de son voyage de noces et surtout de son idole Venise Omni-Médias, tout dans le truc, le toc, le fric et le froc, ah ces Reines des Médias qui se félicitent entre elles, coiffure, maquillage, babillages, du *plate*. Nous avons revu cette séquence, en groupe, il y a quelques jours, nous n'avions même plus envie de rire. Nous étions écœurés, le cœur arraché. Ce n'est même plus absurde.

C'est l'histoire de la dame que tout le monde «aime bien» dans le quartier. Elle donne à manger aux pigeons, tous les jours, par toutes les saisons. Elle est touchante la dame. Tiens elle est là, ou là, ou là dans les petits parcs, avec ses boulettes qu'elle distribue à ses compagnons. Et voilà qu'on vient de se rendre compte que tout ce qu'elle leur donnait était empoisonné. Je ne sais pas pourquoi, ça me fait penser aux Campeau, Bélanger & Co.

Le temps serait-il venu de programmer à nouveau *Le Confort et l'Indifférence* de Denys Arcand? On y verrait certainement plus clair et les visages d'aujourd'hui confrontés à ceux d'hier diraient leur vérité et leur mensonge. Le titre en soi est prophétique. «Mais de quoi te mêles-tu, l'étranger?» «Je me mêle de devenir ce que je suis, où je vis, où j'ai choisi de vivre.»

Comme un avertissement, j'entends l'écho d'un François Mitterrand, à qui j'ai donné ma vie de militant, dire avant une conférence de presse à l'ensemble des journalistes de presse écrite, parlée et télévisuelle, *mesdames, messieurs, vous ne sortirez pas indemnes des excès dont vous êtes porteurs.*

Où il serait question de ménager, de se taire et de se terrer, d'imploser, d'involuer et de ne surtout pas dire ce que l'on sent, donc ce que l'on sait. Un doute nous habite dont il faut interroger la nature. Ça va durer combien de temps les tromperies et grugeries en tous genres dans le monde? Et ici aussi?

Où il serait question de l'usage que nous faisons de nos libertés et de nos privilèges. Sommes-nous à ce point *oblitérés* par l'habitude du *confort avant tout*? Si référendum il y a; 1° la question sera-t-elle posée clairement avec sa charge de risque et d'enthousiasme?; 2° les adversaires iront-ils une fois encore faire la tournée des hospices pour dire «attention, si vous répondez oui, vous n'aurez plus d'oranges pour la Noël»?

Où il serait question de se distraire et d'aller au cinéma: tant de déceptions; au concert: pas grand-chose; au théâtre, et là le Quat'Sous donne encore l'exemple. La pièce de théâtre *Des Restes humains...* de Brad Fraser nous donne, orchestrée par André Brassard, une juste et vive vision de la vie qui va, sexe et mensonges, rêves évanouis, le quotidien des années 90 *caméra au poing,* par bribes, éclairs, courtes séquences, un brassage de l'humain ordinaire comme on dit, donc chargé d'extraordinaire passion par un Yves Jacques étonnant de véracité et de voracité, flanqué d'une Pascale Montpetit géniale dans le fatal de la *sniff-sniff* et d'une Élise Guilbault, plus Angelica Huston que nature, une vraie bête de scène. Mario Saint-Armand est crédible, pertinent. Tous sont bons. On y croit. On souscrit. On s'y sent mieux qu'en bateau, sur le lac *Après-Meech.*

Où il est question d'être en accord avec soi-même, laisser des traces, surtout pas des preuves. Correct?

Le 6 avril.

Carnet 30

YOLANDE M'ÉCRIT, *les mots qui sont dans ma tête n'arrivent pas jusqu'à ma plume. Plusieurs se perdent en chemin et ma libération n'est pas complète. Je ne suis pas satisfaite. C'était pas ça que je voulais te dire. Plus loin, ce serait bien être un mot. Je serais chez tout le monde à la fois.*

Myra Cree est revenue à son *embarquement pour si tard*. Elle est toujours là quand, ivre d'avoir achevé (l'infini labeur) un chapitre, je vais me coucher. Mais où va-t-elle chercher ce qu'elle nous conte et dévoile de tous les artistes? C'est virevoltant, incisif, jamais pédant et toujours instructif, un brin d'ironie dans la voix car le *savoir-su* de tant d'autres commentateurs plus ou moins sentencieux est devenu quétaine: 100,7 CBF FM me sert de *baby-sitter* (*sorry*) et la Reine Myra avec ses longues phrases pleines de virgules (du latin *virgula*: verge) m'épate et me fait rire aux éclats alors que Morphée me tend ses bras. Chaque jour elle inaugure au grand dam des normes et des politesses. Je lui dois mes premiers pas, à ce *Carnet,* autant lui dire que je la suis, compagnon de minuit. Merci.

Peur ici, le pays: déjà les sondages abondent. Ils me font trembler ceux-là. Ils se disent *indica-*

teurs de tendance et, en fait, on leur «fait dire» (faire-dire: le fascisme désormais ordinaire) ce que l'on veut. Un sacré coup pour les individus et citoyens. Allons-nous assister à 18 mois de *sondagerie* sauvage et la question du référendum sera-t-elle porteuse d'*une seule* et claire demande? Qui, d'ici là, la voix nette et déterminée, dira à son tour, après un René Lévesque, «on est capables»? Pas grand monde à l'horizon ou alors, chacun attend le moment théâtral pour entrer en scène de manière encore plus fracassante.

Tendre *Carnet* que je croyais innocent à sa naissance et que la couleur du temps rend de moins en moins quiet. C'est que, madame la libraire-de-je-ne-sais-plus-où, vous avez perdu votre pari et mes droits d'auteur (c'est-à-dire: rien) car j'ai franchi le cap du second hiver et il y avait une fleur au jardin ce matin, un crocus mauve, le premier et demain matin ils seront sept. Ainsi de suite. À vrai dire, je ne ferai pas de pari avec vous pour le troisième hiver. Deux chats ne suffisent pas à la compagnie et je titube un peu quand je vais *magasiner* dans la *slotche,* c'est le privilège et l'épreuve de celles et ceux qui reviennent de loin, très loin, et qui sont incapables de mépriser l'écriture au point de la rendre spectaculaire. Je vous laisse vendre les Sollers, Clézio, Modiano & Co.: ils ont le talent *et* le panache. Ça marche. Le seul bonheur de ces jours-ci est de savoir que l'on joue une de mes pièces au fin fond de la Tchécoslovaquie, à Dolni Lutyné, c'est où?, ce n'est même pas sur la carte, dans le dictionnaire. On la joue pour le plaisir. Brave *Il pleut, si on tuait papa-maman* qui fit les beaux jours du Café Nelligan, ici, il y a 15 ans. Et il y a 10 ans, ou 12, Catherine Bégin dans *Les Valises* au Café de la Place. Comme le temps passe! On aime donc celui ou celle qui se rendent rares et qui jouent la comédie politicienne du «je-m'en-vais» puis «je reviens». L'enfant Yves est là. Dans le même Café de la Place, Catherine Bégin fait en ce moment prouesse dans la seconde de deux pièces de *Jeux de femme*, dans les deux, mais surtout la seconde, la présence de l'actrice fait alors oublier la représentation, tout comme dans *Les Valises* elle était plus mère que ma mère. Est-il à ce point (tare qui serait importée de la vieille Europe) interdit de parler de soi? Il y a récession pour les artistes aussi. Ils ne vivent pas des succès qu'on leur prête. Ils ont besoin de projets ou de signes, fussent-ils lointains. *C'est beaucoup donner pour si peu recevoir*, a écrit celui-ci la veille d'un suicide. Yves, offre d'emploi, a besoin de projets et pourquoi pas universitaires: la pratique de l'écriture, son arrachement, sa rigueur, n'est-elle pas régie par des règles qui échappent aux théories et aux exégèses? *Le roman ne serait-il qu'une forme dévoyée du journal intime?* Tout étant à la fois contrôlé et si peu décidé, délibéré? Ça butinait quand je venais au pays où ma langue est un combat, le pays de mon identité, pour ne faire que passer. Et maintenant que j'y vis, pourrais-je en vivre? Mystérieux troisième hiver qui me donnerait le droit de voter «Oui» si la question n'est pas piégée, si la guerre économique entre-temps n'a pas été menée abusivement, rondement, pour créer toutes sortes de frayeurs.

Au rayon des horreurs, le monde entier, sous la cagoule de l'ONU, se frotte les mains et les Kurdes sont à l'abandon. Tous les gaz sont bons. *Crazy Saddam* est libre de continuer. C'est le *Nouveau Désordre mondial*, titre d'un libelle de Guy Sitbon dans le *Vieil Observateur* consacré à Rimbaud. Juste un petit bas de page, un encadré *riquiqui* (mot de mon enfance: tout petit).

Et, 10 ans plus tard, la loi 101 n'a pas, ou si peu, donné le résultat escompté. Il faut amèrement l'admettre, croire également que l'amertume peut réveiller l'enthousiasme, et l'enthousiasme recréer des différences quand le confort semble risquer de l'emporter avec l'indifférence. Pour les 18 mois qui viennent, j'entends déjà les amies de Montréal-Nord me dire «tiens-toi bien après les oreilles à papa». René Char encore, *à chaque effondrement d'épreuves le poète répond par une salve d'avenir.*

Parfois je me demande quel usage nous faisons de nos libertés, ici, et partout ailleurs dans le monde. Il y a de la désertion jusque dans l'affrontement. Quel président états-unien a dit, *la vérité est la première victime de la guerre*? Il s'agit bien par là, ici, sans panache (je n'en ai pas, bien que gascon) d'en toucher au réel plus encore. Et si je me répète, c'est que témoin du temps, arpenteur de cette fin de siècle, je me dis qu'il y a tant et trop de liberté gaspillée. Il y va de ce gaspillage comme du respect de l'environnement. Ça va, ça vient, ça tangue dans ma tête, c'est le dernier tango du scribe. Et j'aimais le tango, la danse au moins, à cette époque-là, salut Gardel, était un contact.

Au temps présent règnent les confusions. Elles sont même organisées, prévisibles, même plus risibles. La peur va de pair avec les beaux jours qui reviennent. Être ce que l'on est et naît. Persister et signer.

P.S.: J'espère que Venise Barbelée est à l'ouvrage et qu'elle *trempe son stylo dans ses tripes*.

Le 13 avril.

Carnet 31

IL NE SERA jamais trop tôt pour mieux faire et douter plus encore. J'ai aimé, dans le courrier des lecteurs, la lettre du 25 mars de Myriade Klon, *quand George prie*. Une petite phrase, *en fait seuls les super bombardements médiatisés sont terminés*, et je me sens plus nombreux, «je» est nombreux, à penser que la guerre du Golfe n'a pas eu lieu. Chacun ici peut rêver à son «chalet», à ses crocus ou parler de consensus, il faut aussi avoir l'âme kurde. Rude décennie. Quel abordage!

Nicole, de Terrebonne (c'est un privilège de vivre dans une ville qui se nomme ainsi quand tout nous gomme), dans un message me cite Félix Leclerc à propos des Québécois, *ils sont doux et parleurs, naïfs, gentils, si peu bagarreurs*. Pourtant, ce sera la bagarre pendant 17 mois. Mulroney doit faire ses emplettes au musée des épouvantails. Même le président du Mexique l'a béni. On rêve. Et puis on se pince le bras. Ils se passent le mot.

Et si j'étais en train d'écrire un roman, *Les Exils*, au pluriel? Et si au fur et à mesure j'envoyais les photocopies du manuscrit à; Johanne et Lisette, Montréal-Nord; Jean-Claude et

Fabrizio, du côté du Plateau; Odette, Jean-François et leur fils Jean de Framelan, dans le Jura
suisse? Et si? Et si? Et si j'avais peur de chaque
page comme d'une première page? Et si Jean-
François m'avait envoyé cette lettre? *Cher Yves,*
Les temps que nous vivons sont un peu déconcertants:
il apparaît clairement que le mal de vivre fait un peu
ringard et n'atteint pas les lecteurs potentiels. Dans
une sorte de fuite en avant, ce sont désormais les
gagneurs qui ont raison, ceux qui misent sur la soli-
dité du pouvoir de l'argent, et du pouvoir tout court.
Les jeunes des années nonante sont convaincus que
l'essentiel est d'arriver, que la confiance et l'optimisme
conjurent la misère du monde. En somme, la mentalité
s'est renversée avec la chute du mur de Berlin: les pau-
vres, les paumés, les exilés ont tort, ce sont des margi-
naux indignes d'intérêt. L'heure est à l'individua-
lisme, et écologie, humanisme ou, simplement, doute,
ne sont plus de mise.

Or, tu es un exilé, un exilé de la vie, de la mode,
de ce qui se fait. Pas un «nouveau philosophe» branché
comme B.-H. Lévy, qui n'a rien à dire mais qui le dit
tout de même. Et bien que ton message concerne une
foule de gens, il ne pourra que difficilement être reçu
par ceux qui assurent le succès d'un livre. Toute tenta-
tive «d'être» soi-même se heurte à la mentalité du
moment qui veut que l'on soit ce que l'on «se fait», ou
ce que l'on donne à croire qu'on est. Il ne s'agit plus de
connaître quelque chose, mais de laisser croire qu'on le
connaît, il ne s'agit plus de maîtriser un domaine,
mais d'en savoir les grandes lignes qui permettent de
s'exprimer en expert. On n'est plus mécanicien, mais

opérateur sur machines, on n'est plus paysan, mais technicien en génie agricole.

D'où le grand vide philosophique de cette fin de siècle, manifesté par le retour à tous les intégrismes. Intégrisme qui rassure, qui sert de refuge, qui écarte l'esprit critique, le doute, la culture intelligente.

Alors, les exilés, ce sont des marginaux, qui n'ont rien compris. Et on ne veut pas entendre parler d'échec quand le culte de la réussite bat son plein. Les coups que tu as reçus sont le fait de ce monde étrange où même les revendications sociales font figure de mendicité interdite, où les syndicats eux-mêmes sont en butte à des critiques de plus en plus vives. Défendre les démunis, les échoués, c'est devenu suspect.

Aussi ta position d'écrivain-témoin s'inscrit-elle dans un cheminement à contre-courant de la mode, de ce qui se dit et se fait. Et le succès, exprimé en rendement économique, ne peut qu'être limité.

Je ne vois cependant pas bien comment, pour plaire au «grand» public, mais surtout aux maisons d'édition, tu pourrais te transformer en un autre écrivain, auteur de fictions à aventures politico-érotico-sociologiques, grand fournisseur de tiroirs-caisses.

Faut-il te dire: «Dites-nous comment vous envisagez le siècle à venir; quelle position est la vôtre quant à l'existence de Dieu; quelles sont vos angoisses du moment; quelles sont les solutions que vous proposez à la jeunesse d'aujourd'hui; etc.»? J'ai une trop haute opinion de l'écrivain pour supposer qu'il ne sache ni pourquoi, ni pour qui il écrit. Cela plaira-t-il au public? Mais écrit-on pour plaire? Amitié, Jean-François. Nous avons aimé Agonie *de Jacques Brault*

et comment l'élève s'identifie au maître. Coïncidence je
venais de terminer cette lecture dans le train pour
Lausanne où nous descendions voir une exposition de
photos de Gianni Berengo Gardin, et nous tombons
sur une photographie d'Ungaretti, dont le poème est
*commenté tout au long d'*Agonie. *Affectueux baisers.*
Odette.

Petite scène de la vie montréalaise n° 1.
Cette année-là je vivais du côté Jeanne-Mance,
mi-Gill, mi-Prince-Arthur. J'ai quitté le quartier
pour mille raisons. La mille et unième étant la
convocation *devant la reine d'Angleterre* parce
qu'un 3 mars à 10 heures 10 du matin, j'avais, en
partance pour deux semaines, déposé mes *vidan-*
ges (sacs proprement noués) avec six heures
d'avance. L'avis mentionnait *dénoncé par.* Et il y
avait en toutes lettres le nom de ma voisine d'en
face. *So long Mrs D.G.* Moyennant trente piastres,
la reine est restée à Buckingham.

Petite scène montréalaise n° 2. Cette année-ci
je vis du côté Visitation mi-mec, mi-Mimi-la-
Bohème. La maison a cent trente ans, la porte
d'entrée donne directement dans la rue. Et voilà
que le Service des affaires corporatives me
convoque parce que *la marche de béton en façade*
empiète d'un pouce sur le trottoir. Et il faut que je
prouve que si une passante ou un passant *s'enfar-*
gent dans le pouce de trop je suis assuré, donc les
assure civilement pour un million de dollars.
C'est la vie. C'est de la vie. Bingo.

Le 20 avril.

Carnet 32

ON EN OUBLIE le sida. Un magazine québécois fait de la publicité à la radio. Parmi les manchettes, jetées en vrac comme autant d'événements, *le sida n'a pas atteint les femmes au Québec*. J'en connais trois qui sont mortes ces derniers mois laissant des frères, des parents, des enfants. À qui sert un tel mensonge? Cette peste-là qui a d'abord, de plein fouet, touché le peuple des homosexuels, concerne désormais tout le monde, dans le monde entier. Le sida serait-il devenu la place forte de toutes les inepties, idioties, incertitudes, rivalités, lieu de catalyse (tout ce qui tombe, précipite). Et puis le sida, c'est de l'amour, pas de la débauche. Gare aux étourdis et gare aux revanchards.

M'est avis qu'un pianiste commence sa carrière à 50 ans. Il sait alors enfin ce que Rubinstein (le prof) appelait *cet oubli total de l'être au profit de l'œuvre*. Mais à 80 ans, parfois, il y a encore des *impresarios* (nouvelle orthographe) qui poussent en scène des vieillards qui donnent l'impression de toujours jouer *la pathétique*. Shura Cherkassky est de ceux-là, maudite soirée, de quoi avoir le bourdon et la larme à l'œil. C'était alarmant. Pauvre *Partita n° 6* de Bach et *ciao-ciao* les impromptus de Shubert. Même le piano flanchait et s'est évanoui sur un *mi*. Des miettes, un si lointain souvenir. S'il vous plaît, messieurs les programmateurs, un peu de respect.

En sortant du concert, au kiosque de la Place des Arts, j'ai trouvé une cassette vidéo VHS du dernier récital de Jacques Brel, 1966 à l'Olympia de Paris. Ce fut la réconciliation. Dieu (ça y est, je parle *le bush*) qu'il était preste, le grand Jacques et toutes ses chansons sont belles, faut voir aussi comment il les chante, mime, pantin, superbe. Ah, quand il dit *fils de sultans, fils de fakirs, tous les enfants ont un empire.* Au fait la cassette est soldée 19 piastres sans la TPS, quatre fois moins cher qu'un porno. Vaut mieux alors se réjouir que jouir seulement, seul: voir le début de ce *Carnet*.

Et certaines et certains de lire peut-être *salement* en lieu de *seulement*. La revanche morale va se nicher où elle peut, c'est elle la peste, il faut réinventer l'amour.

Et si en pleine nuit, trois nuits de suite, on se réveille transi, saisi, parce que ailleurs, loin et si près du cœur, des enfants kurdes meurent de froid, de faim, de soif, alors une sagesse est à notre portée. Et cette sagesse ne peut rien contre le Dieu-Bush et Allah-Hussein, rien contre les minauderies de Gorbi-la-Vacille, rien contre les organisations internationales responsables qui ont trop attendu. De nouveaux Palestiniens sont nés. On va les parquer. Sombres parcs pour enfants.

Puisque le printemps explose, puisque l'hiver prochain sera rude en truqueries, promesses, délations, affrontements blablateux, et que tout le monde, ici, va se taper dessus à boulets de paille ou de plomb, mieux vaut noter ces conseils de pelletage qui nous tiendront au moins en forme physique. La fourmi est scrupuleuse. Donc pour le pelletage:

— *adapter son habillement à l'intensité du pelletage afin de ne pas provoquer de sudation importante;*
— *ne pas fumer ni consommer de l'alcool avant, pendant et après une séance;*
— *ne pas pelleter après un repas;*
— *être plus prudent lorsque l'air est très froid. Bien couvrir le cou et possiblement la bouche avec un foulard. Le cas échéant, se placer le dos au vent;*
— *faire un échauffement avant la séance de pelletage ou, du moins, commencer la séance à une intensité faible de travail et augmenter graduellement l'intensité par la suite;*
— *adapter la durée de la séance de pelletage à son (votre?) endurance musculaire. Arrêter quand la fatigue devient trop prononcée;*
— *demeurer en mouvement (activités légères variées à votre choix) pendant les 10 minutes suivant une séance de pelletage (phase de retour au calme).*

L'hiver prévisible n'est pas vraiment risible. Tout, partout, ici comme ailleurs, fera l'objet de marchandages et de jaseries en tous genres. Pour le calme, faut-il *se placer dos au vent*? Ça va pelleter, attention. On entend déjà les bruits des pelles. Et le printemps ne fait que commencer.

Petit message de Suzanne glissé sous ma porte, *bref, les rêves restent allumés trop longtemps; bref, les rêves restent allumés; bref, les rêves restent; bref, les rêves; bref. Je reviendrai au premier rayon chaud et caressant du printemps.*

Reçu un long poème incantatoire de Jacques, titre *la fumée d'un trait,* des extraits, *pour les plumitifs du monde entier, pour Massaoua qui brûle comme un torchon, pour le livre sous cape qui nous fera bouger et... pour la contestation, pour la vision du silence, la constellation de l'ouïe et... pour ce petit peuple sans fiesta, qui bute et religionne aux bingos rouges et... nous chanterions pour fuir le quotidien, ou le néant, ou pour faire semblant d'aller à la pêche.* Jacques Desmarais, 17-08-90.

Salut Jean-Roch, je pense à toi. Merci de m'avoir fait découvrir le beau livre d'Anne.

Petite chronique montréalaise n° 2, suite et fin. Le pouce de la marche en béton de ma porte d'entrée qui empiète sur le trottoir est bien assuré civilement à un million de dollars et la ville me «loue» ce pouce-là 100 piastres par an. «Le minimum», m'a-t-on dit. Voilà où passent les sous du *Carnet*: ils reviennent à la communauté urbaine.

Petite chronique montréalaise n° 3. Le feu rouge Beaudry/Ontario est détraqué. Quand on veut traverser on a le temps d'attraper froid, 10 fois, 11, j'ai compté, atchoum.

Je ne ris plus: la nuit je me réveille en sursaut. Patavan et Patapoum, mes chats, ne comprennent plus rien. Quoi? Je suis là? Bien au chaud? Drapé, nourri, logé, blanchi, gavé? Et ailleurs, des enfants meurent. Avez-vous jamais vu un visage brûlé au phosphore? Tout se tient, c'est le nouveau désordre national et le nouveau désordre mondial. Non.

Le 27 avril.

Carnet 33

LETTRE À UN POÈTE. Salut Richard Desjardins, des conteurs et enchanteurs comme toi il y en a 13 par siècle. On attendait le treizième, et te voici: tout désespoir n'est pas perdu. Tu as dû ramer des années sur les lacs ou pis, sur le Saint-Laurent à contre-courant. Ça s'écoute. Ça tranche.

Au *Devoir*, Nathalie Petrowski et Sylvain Cormier ont déjà parlé de toi. Elle a écrit, *il voudrait que chaque phrase soit comme une balle de revolver: directe, foudroyante, fatale.* Il a dit, *génial sur disque, c'est pourtant l'homme de scène que l'on gagne à connaître.* Le sceau du *Devoir* figure sur ton programme. Lise Bissonnette a parlé de toi en éditorial. Et voilà que je m'y mets, à mon tour. C'est bien le bonjour de l'amour — toujours. Faut dire qu'on aime quand on aime, jouir et se réjouir (coda du *Carnet 32*) en temps voulu. La devise du *Devoir* est *fais ce que dois.* Je fais, ici, ce que je veux, ce que je peux. Et si brusquement tu chantes et contes à guichets fermés, si les billetteries explosent à La Licorne et au Club Soda (à quand Wilfrid-Pelletier?, je ne plaisante pas) prends ton pied, gobe-nous toutes ces ovations debout.

Variation sur un thème déjà abordé, *tout vient comme il faut aux âmes résolues*. Tu contes sans compter. De chanson en chanson, de texte en texte, ça bourlingue, tu nous emmènes loin au cœur de nous-mêmes. Je croyais qu'on ne pouvait jamais atteindre la conscience de quelqu'un. Avec toi, c'est l'effraction, la voix vrille, le phrasé dresse des grilles, un condamné à vivre les années 90 s'est échappé, tu raptes et ça navigue, surtout pour *le prix de l'or*, surtout pour tout, pas un mot qui n'aie son loto avec numéro supplémentaire.

C'est un déjà-tanné qui te parle. J'ai vu, écouté, entendu, chez Moineau, un couloir de la rue Guénégaud transformé en bistrot, Barbara à ses avant-avant-débuts. Chez Jacques Canetti à Montmartre, j'ai découvert le bon bougre Brassens (en fait un bougre est un moine sodomite) et le p'tit Belge Brel. Puis j'allais voir Leclerc, plus tard Vigneault. Je me suis battu pour des places pour Bob Dylan. Et Léonard Cohen. J'oubliais Ferré. Ça c'était avant toi, tu es de cette lignée. Les chefs d'État passent, les régimes trépassent, les assemblées de ministres de la mort sont constamment remaniées, Mulroney, Bourassa et *tutti quanti* peuvent jaser comme ils l'entendent, nous savons à t'écouter, *ti-cœur pomponné*, à quoi devrait servir le droit de vote, et comment employer le droit d'aimer. Oui, *côté cœur ben contant, y'a du monde su'à ligne*. Ça n'a pas de sens obligatoire *et* (pas mais) ça a de l'allure. Tu chantes dans tous les sens. Genre obsédé sensuel & Co. Co?

Il y va de toi comme de la musique classique: rien ne remplace le récital, la voix en prise directe et non en prise de son (même si *Tu m'aimes-tu* CD ABT-CT4 est parfait). Il faut, sur le vif, t'entendre chanter *Nataq* et son ultime couplet *nous serons les premiers à goûter aux amandes, traversons, traversons, amenons qui le veut. Aime-moi, aide-moi! Car mon ventre veut fendre. Je suis pleine, Nataq, il me faudra du feu.* Et quand tu dis ton poème dédié à François Villon, à voix nue, c'est un orchestre qu'il y a dans ta voix. Villon et Miron te saluent, poète, insoumis.

Je te préviens, *quand j'aime une fois, j'aime pour toujours,* la salle déjà le chante avec toi. Quand bien même on te priserait dans les bonbonnières de Westmount (la montagne du fric de l'Ouest), ce sera encore meilleur signe; il faut que des troubadours comme toi, l'âme en bandoulière, aillent dire au plus grand nombre leurs sept vérités, les trois dernières étant la nature, l'amour et la liberté. Roch Voisine, *le* Venise Omni-Médias de la chansonnette, n'a plus qu'à aller se rhabiller. Pourtant, j'imagine, il est pas mal à poil. Y'en a qui poussent la romance et d'autres la *clamance. Il faudra que tu meures si tu veux viv' mon ami.* Quand tu chantes... *et j'ai couché dans mon char* il y a de la clameur qui plane. Quelqu'un qui offre un *Sahara Lumber,* ou dans la nuit de la salle, au fond de la mine, *les fros,* c'est quelqu'un que le showbiz, pas touche S.V.P, ne banalisera jamais. Mais, oui mais, attention, ces gens-là n'ont pas d'empreintes digitales. Ils ont les doigts lisses qu'ils mouillent, un peu plus que le commun des mortels, quand les billets sont neufs.

C'est décidé: tu nous as donné sept rappels, je te livre mon *Carnet* au complet. Quand, entre deux chansons, tu nous parles du chômage, tu cites le mini-Bob (*Petit Robert*), le mot vient du latin *caumare,* de *cauma,* le repos pendant les grandes chaleurs; et travailler vient de *tripaliare,* torturer. On rit de bon cœur, le rire qui fait du bien, le rire qui ne se moque pas. Fonce, dénonce, annonce, démasque et que ça swingue et donne ainsi, encore, longtemps, la cadence de la décadence de cette fin de siècle insultante, effarante offense à l'humain. Les floués vont t'adorer. Ça fait du monde les laissés-pour-marge! Et quand bien même ils ne pourront pas se payer le billet d'entrée ou le dernier CD, tu peux être sûr qu'ils te fredonneront. T'as le *fredon* pour toi. Et si, forcément, la télé te boude, t'en fais pas, tu auras le premier mot.

Je ne prétends pas te découvrir. Je veux seulement te saluer. Dis-toi qu'un seul de tes mots fait tomber tous les discours péripatépoliticiens. Dans les mois qui s'en viennent, chante 1 000 fois *les fros, dans le hangar, lucky lucky,* chante, chante, tu es à la forge de la conscience, ni bonne ni mauvaise, la conscience brute de coffrage.

Un petit rien de rayé dans ta voix éraillée, et ça déraille, tu doutes, on doute, tu plonges, on plonge. J'aime bien tes lunettes et ton air *baba hot* des années 90. *Étends le sable, allume le brasier, comme une vague trop grosse, je m'en viens me briser.*

Sacrebleu, ça me cogne et ça me pogne. Richard Desjardins, prends soin de toi, va encore plus loin, et du haut de l'affiche, n'aie pas le vertige. Du monde que nous aimons, il n'y a que des vestiges. Tout-doux, tout-franc, tout-fort. On se reprendra.

Le 4 mai.

Carnet 34

LES *PAUMÉS* dit-on en parlant des jeunes et de la jeunesse de cette fin de siècle. Et si les vrais *paumés* c'était nous, les mi-vieux ou viochs à part entière avec nos certitudes, nos barrières, nos idéologies dépassées? Nos souvenirs de militants? Et nos rêves de démocratie?

Quand je (re)lis dans Rimbaud, côté *saisons*, côté *enfer*, qu'il faut devenir poète sans *s'encrapuler*, je me sens crapule, moins que tant et tant d'autres, presque toutes et tous, mais (un *mais* amer) crapule tout de même. Le romancier pille le quotidien. Que ce *Carnet* soit périssable, tel est mon vœu. Il est trop tard pour recapuchonner mon stylo.

Il y a des jours où l'on écrit *douceur* et on lit *douleur*; on écrit *sculpture* et on lit *sépulture*; on signe *je t'embrasse* et on relit *je t'embarrasse*. Il y a des jours où l'on voit tout croche, rien que le nez des gens; rien que les poteaux électriques; rien que des passants qui claudiquent. Il y a des jours où l'on écrit *perdu* et on lit *pendu*. Il y a des jours de printemps où l'on se demande si on pourra se désencabaner de l'hiver, vivre des orages, se jeter au soleil, se baisser pour planter des annuelles, croire à une rencontre, un amour, qui sait? Faut pas attendre, faut surtout rien attendre de qui, ou de quoi que ce soit, faut prendre le printemps comme il vient, convulsif, ce sera si vite l'été, pas vraiment le temps de se refaire une beauté pour rencontrer quelqu'un. Quelqu'un? Parizeau a-t-il vraiment rencontré Bouchard et le vrai/ne/ment/pas forcément?

C'est aussi le printemps des taxes, taxe sur ceci, taxe sur cela, on se surpasse en surtaxes en tous genres. Est-ce là véritablement (et le véritable ne ment pas forcément, non plus) faire face à la récession? C'est Colbert qui serait fier avec tous ces impôts indirects. Ben voyons, le temps qu'on s'y habitue, ça passe, on avale les couleuvres. On s'est bien habitués à la crise qui est devenue guerre, à la guerre qui a eu lieu et n'a pas eu lieu, aux Kurdes, au choléra, aux cyclones, les livres sont toujours honteusement taxés, l'ignorance est imposée, les champions de *foot* prennent de la *coke*, on s'est même habitués à ne plus entendre parler de Michèle Richard et de sa *chum*-télé Venise Boulet-Rouges, faut écouter placoter Mulroney qui a le vertige de l'*insécure* depuis que la Dame de Fer Thatcher, l'autre Margaret, l'a quitté. Et si vous voulez mon oppression, mais de quoi je me mêle? On est tellement habitués à toutes ces habitudes que sous les feux croisés des menaces, tous les coups seront bons, hélas, il n'y aura même pas de référendum. D'ailleurs, les référendums sont toujours truqués. Le lac *Après-Meech* était un mirage, oasis de l'habitude.

Si référendum il y a, il faudrait que des voix se lèvent pour rouvrir (notez bien le *r*) la voie. Pour le moment, à quelques grands hommes d'affaires près, c'est *plate*. Le violon de Bouchard n'est pas au *la* de celui de Parizeau. La francophonie risque fort de *cacaphoner,* verbe inventé pour circonstances de *Carnet*. Faut jamais partir gagnant (ah, mon émoi, il y a 10 ans, jour pour jour, en France, avec François M., qu'en est-il devenu?) les petits chagrins (et les ambitions) font les grandes déconvenues. Ça *crope* à mort déjà. Où sont passés les tribuns et les promontoires? Le vent du nord souffle dans les dunes de la démocratie, ici aussi. Ça roupille même si ça jase. Ça se déplace vaguement. Un Mulroney & Co. comptant sur les sables mouvants.

Lu, *plus il semblait malheureux, plus on l'aimait. On mettait sur le compte de l'hiver puis du printemps tardif, la mélancolie qui le rendait aussi chagrin.* La nouvelle s'intitule *une âme à la mer.* Lu plus loin, *c'était la première journée claire du printemps, tout se détachait dans l'air vif, les Laurentides, la Métropolitaine, les raffineries, le Stade, le pont Jacques-Cartier. Sa vue préférée de Montréal. Jacinthe pensait vraiment à tout, il en avait eu le cœur serré.* La nouvelle s'intitule *la médaille d'or.* Je vous laisse découvrir les suites. Belles nouvelles comme on dit. L'auteur: Denis Bélanger. Titre du recueil: *la vie en fuite.* Ça, c'est quelqu'un qui est tombé dans une bouteille d'encre.

Lu et relu la lettre du 8 avril 1991 de Robert Gauthier de West Vancouver, parue dans ces

colonnes. Titre, *j'ai besoin d'un pays.* Où il est dit
notamment, *c'est peut-être vrai que l'indépendance
est un risque, mais je préfère vivre dans la dignité que
de mourir dans le mépris.* Messieurs les politiciens
et politicologues, lisez-vous le courrier des lectri-
ces et lecteurs? Quand bien même il n'y aurait
qu'un Robert Gauthier. Hommage.

Le faucon pèlerin, le plus noble et aussi le
plus étonnant des rapaces, avec des piqués verti-
gineux à plus de 300 km/h, a failli disparaître du
ciel franc-comtois. Pesticides, coups de fusils niaiseux, et commandos de fauconniers l'avaient
amené au bord de l'extinction. Il revient. Une
centaine de couples a été dénombrée dans le massif jurassien. Mais rien n'est définitivement
acquis. Des trafiquants ouest-allemands, à la
solde des dignitaires du golfe Persique, les captu-
rent et les revendent jusqu'à 50 000 $. Toutes sor-
tes de guerres ont lieu. L'encre bleue de ces lignes
vire au noir.

Est-ce à Panama ou au Venezuela qu'on
vient de démanteler un réseau «animé» par une
avocate qui vendait des enfants, des bébés et
même des adolescents à des marchands d'organes états-uniens? Cette nouvelle, annoncée à la
radio, je n'en voulais pas. Et voilà qu'elle me
poursuit et se tapit ici: ombres sombres d'une
vraie fin de siècle.

Petite chronique montréalaise je-ne-sais-
plus-combien. J'avais, depuis sept mois, un
numéro de téléphone qui, à deux chiffres près,
31.21 au lieu de 21.31, était celui d'un centre de

mets orientaux qui livrait à domicile 24 heures sur 24. J'avais droit à 10 ou 20 appels par jour et, sur le répondeur, la nuit, à 5 à 10. Pas grave. Je disais «s'il vous plaît, mettez vos lunettes et composez le bon numéro». Une dame m'a rappelé, style gestapo, lundi dernier. «Dites-moi votre nom!» J'ai craqué. J'ai un nouveau numéro. Et combien de fois ai-je entendu *je m'excuse*. C'est pas poli de s'excuser. Le *excusez-moi* est impératif. Il faut dire *je vous prie de m'excuser*. Le savoir-vivre n'a pas de prix.

Le 11 mai.

Carnet 35

AU CHAUFFEUR DE TAXI, *Coop*, peut-être bien les plus fins, on est francophone ou pas, je parle de Mulroney, Chrétien, Bourassa et tout le gang, y compris les démissionnés de la B.C., *British Columbia* ou Bélanger Campeau (?). Il me répond, *ils font tous du patinage artistique;* il réfléchit, ajoute en me regardant dans le rétroviseur, *et ils veulent rester sur la patinoire.* Le lac *Après-Meech* est donc gelé et sera ouvert tout l'été. À vos patins!

Chaque matin, en me rasant, je ne peux pas ne pas me voir dans le miroir, le seul de la maison, pour le rasage. Et je me dis que dans le peuple de mes frères, le corps quétaine de la cinquantaine, c'est un mauvais moment, un rude printemps, à passer. Dans ma tête, j'ai toujours 20 ans, ou 17, hommage à Arthur R., on en reparlera l'été prochain. Mais des coquins en quarantaine dans leur mauvaise quarantaine, il y en a un qui travaille chez un grand marchand de disques, impossible de commander le CD EPM FBC 1045, la *Messe d'Elsa* chantée par Monique Morelli, orchestre de Lyon dirigé par Baudo, manquait le nom du compositeur, au demeurant inconnu de *la perle* de Myra Cree. Faut voir comment je me suis entendu dire, *nous ne sommes pas un ordinateur!* Le ton parisien, carrément méprisant. Il a peut-être senti qu'avec ma bedaine-cinquantaine, j'étais aux hommes et lui pas! Ou lui trop? Comment dire que, brusquement, je me suis senti à nouveau à Paris-la-Grincheuse. J'ai laissé au comptoir le *Parsifal* chanté par Peter Hofmann, un ex-rocker qui chante Wagner comme nul autre.

Dans mes CD, j'ai fait un grand tri. Tout ce qui a été capté en studio, tout ce qui donne l'impression d'avoir été enregistré *au pied des Rocheuses,* je l'ai mis dans un carton de disgrâce. Faut se défendre, question de juste écoute.

Mitterrand a vu Gorby-Nobel-de-la-Paix en vitesse à Moscou. Il lui a dit, *là où la liberté apparaît, elle se fait très vite très exigeante.* Il faut qu'on se le dise, question de mesure, si les patineurs artistiques s'accordent sur *la* question d'un référendum.

Lu sur un mur, côté Roy/Drolet, *la terre n'est qu'un seul pays.* Sans commentaire.

Lu dans un journal, *Libération* du 7 mai, *avec la formidable montée de l'espérance de vie, c'est la notion même de vieillesse qu'on réinvente et avec elle, la nécessaire insertion culturelle des retraités dans une société dont ils seront sans cesse davantage des acteurs à part entière.* Alors à quoi bon parler quétaine et cinquantaine? À l'abordage, du calme Yves, faut inaugurer!

Entendu Dostoïevski au théâtre de la Veillée, on reprendra *Crime et Châtiment* pour sûr, ça pogne *ad vitam æternam*. Le juge d'instruction Porfiri Petrovitch dit à Raskolnikov à propos de sa possible fuite, peut-on jamais atteindre la conscience de quelqu'un?, *un révolutionnaire à la mode fuirait car, celui-là, on peut lui inculquer la foi qu'on veut à jamais*. Conscience atteinte? je ne sais pas (ou trop?) pourquoi cela m'a fait penser; à l'inénarrable Bernard-Henri Lévy et autres clowns et clones; et au monde, comme on le tarabuste. Vladimir Ageev qui joue Raskolnikov, et le jouera encore, était juste et poignant, superbement harcelé.

Vu l'ensemble du *Décalogue* de Kryzstof Kieslowski. Avec dévotion, bouleversement. Ça c'est le printemps! Non pour le bonheur gnangnan, le cinoche *made in USA* est si souvent crosseur, mais pour la rigueur des grandes fresques, un peu comme, en lecture, *Les Possédés*, *La Montagne magique*, *L'Homme sans qualités*, *Cent ans de solitude*, *Ulysse*, tout Thomas (Clayton) Wolfe (pas Tom, l'autre, le vrai, le pas-vaniteux), et un petit signe à Virginia. Il y a des rivières dans les 10 films de ce *Décalogue*. Pour un peu, on y verrait plantée la canne de ladite Virginia le jour de son grand départ. Kieslowski est un immense metteur en scène, scénariste, visionnaire.

Ça se passe au Ouimetoscope, 1204 Sainte-Catherine Est, et je ne sais pas combien de salles de cinéma dans le monde ont eu le cran de programmer deux par deux (chaque film dure une heure), en cinq séances, un chef-d'œuvre que l'on ne peut ni ne doit manquer, ou plutôt se l'offrir. On avait déjà vu le 5, *Tu ne tueras point*, et le 6, *Un film bref sur l'amour*. Voici l'ensemble. Vous avez jusqu'au 31 mai, toutes affaires cessantes, pour vous combler, vous émouvoir, vous interroger, vous émerveiller de toutes ces œuvres qui, d'illustration de Commandement en illustration de Commandement, dressent un portrait, certes d'une certaine Pologne nantie et intellectuelle, et pour sûr de l'humain au plus exigeant et généreux du terme.

Quels acteurs! Quels dialogues! Quelles histoires contées! Quelles photos, toujours une petite action en arrière-plan! Tout vit, vibre, bouge, se déchire, s'étreint! Quelle concision magistrale! Kieslowski est décidément l'égal des plus grands de l'art septième. Et si Jean-Louis Bory me disait au temps où je publiais *Le petit galopin de nos corps, les points d'exclamation ne me font pas l'exclamation*, je rends hommage au critique de cinéma qu'il fut et demeure: il eût prisé, épris, cultivé ces 10 films. Voici sept points d'exclamation qui font l'exclamation!!!!!!!

Quand le cinéma, comme la poésie, la philosophie, la musique ou le roman, est ainsi fortement à l'écoute des êtres, il faut faire acte de présence. Je vous parle là de *ma* joie de ce printemps et d'un privilège ouimetoscopien de Montréal: l'été à venir, le roman à venir, la vie à venir, tout sera différent parce que j'ai vu ces films, leur ensemble. Quand bien même vous n'en verriez que 2, 7 et 8, 9 et 10, 1 et 2, ils sont tous également remarquables.

Et, liberté gaspillée, nous nous perdons en *scénarisations*. Nos télévisions commandent des œuvres (?) d'une telle nullité, en achètent d'autres encore plus vaines. Ce *Décalogue* a été produit par la télévision polonaise. Dont acte. On imagine mal, désormais, Walesa-Nobel-de-la-Paix-lui-aussi/comprendre ne serait-ce qu'une seconde de cette œuvre. Faut le voir avec la *Queen* du billet de deux piastres. Il lui a dit *vous êtes une maman.* Il y a désormais l'avant et l'après-*Décalogue*. Amis sensés, offrez-vous cette découverte.

Le 18 mai.

Carnet 36

LE CINQUIÈME ÉTAGE du 372 Sainte-Catherine
Ouest est en passe de devenir un repaire de
galeries d'art. Blouin a gaillardement mon-
tré le chemin. L'ascenseur est préhistorique. Le
liftier (*monteur-descendeur* si vous voulez *speak
french*) manie la grille de manière experte et, d'un
coup d'œil, sait si vous allez *au cinquième ciel* de
l'art dit contemporain. Il y a déjà des visites organisées. Il s'est passé la même chose à New-Pork-
City, New York Pity, au début des années 70, au
coin de la 57e et de Madison, l'immeuble Fuller.
C'était décrépi, coquerelles & Co. et c'est devenu
un coffre-fort. Vingt ans plus tard, Montréal prend
la fière relève. Seulement voilà. Voilà quoi?

Il n'y a pas de bonheur sans faille, il peut y
avoir de la perfection sans émotion. Après les
époux Lalanne, avant-derniers soupirants de la
vieille Europe, ils ont fait des fortunes de soupirs,
affaire classée; voici les époux Poirier, derniers
épris du même coin du globe, longtemps hantés
par des paysages de ruines miniatures s'enlisant
dans des sables, ô vanité du temps et de ses certitudes, qui viennent *au cinquième du 372,* miraculeusement conservés par André Ménard, subtile-

ment présentés par Samuel Lalloux, pour nous montrer une image (belle, sépia-bon-goût) de visage d'antique, toujours la même, un pétale de rose sur le nez cassé, et sur les pétales des inscriptions variées, *la mémoire efface le souvenir,* ou *l'âme du monde fuit devant l'agressivité insatiable de l'homme.* Entre chaque photo *pétalée,* une partition de musique, ainsi les *Pièces froides* de Satie, ou les *Sarcasmes* de Prokofiev. L'espace est beau, l'accrochage d'un rythme frappant, il y a même une sculpture pour nous rappeler le bon souvenir des *paestums du désert.* Et puis rien. Rien ne se passe. Rien ne se produit. Tout est dit et rien n'est dit. Comment ai-je pu jamais m'enthousiasmer pour de telles perfections? L'exposition s'intitule, *anima mundi, memoria mundi,* mais diable, que diable, notre regard sur l'art a changé, cette rhétorique est exténuée. Ce pacifisme graphique, vaguement *romantal et sentimentique* (un de mes classiques favoris, comme une sonate de Diabelli) n'est jamais une réponse, ni même une question, aux horreurs et à la dépravation de cette *aube du troisième millénaire* comme on dit.

Je ne joue plus. Je suis hors jeu. Hors «je». Hors de moi. Je rends hommage à Lalloux, Ménard ainsi qu'au couple Anne & Patrick Poirier, mais le *gadget* transparaît, c'est *jet set, champagne* et *loft.* La comédie est finie. J'ai du respect pour le gang susnommé et (pas *mais*) je dis que cela vaut le détour pour voir et *vivre la fin.* Hommage sans aucun dommage. Ce *Carnet,* qui a remplacé mon *journal intime,* je l'ai accepté pour dire uniquement ce que j'aime, pour souffler sur des braises et non sur des cendres. Avec amour, donc, je dis *allez voir, vous avez jusqu'au 8 juin* et (pas *mais*) *il y a de l'insolence dans cette échéance. C'est instructif.*

On ne peut pas aimer Richard Desjardins, Kryzstof Kieslowski en prise, eux, avec le temps présent, cette éternité, et faire plus que signaler l'événement Poirier qui montre la limite d'un monde que plus rien n'anime, un événement pour l'événement, des idées pour les idées. Nul doute. C'est pas douteux. *No vibes.*

De même, au risque sain de passer pour quelqu'un qui règle ses comptes et qui ne fait que remettre la grande horloge à l'heure juste, justice, le travail parfait (!) des Poirier me fait penser aux luisances soyeuses des chemisiers blancs de Bernard-Henri Lévy; aux sourires de ravi de la crèche de Philippe Sollers; aux langou-reuses anorexies de Le Clézio; aux redites pâtis-sières de Modiano, le gang des faiseurs de *unes*, friandises des médias. Chacun, à sa manière, joue le jeu. Même Modiano en bégayant. Et ça marche. Jouhandeau me disait *continue*, Violette Leduc me disait *continue*, Bory me disait *continue*, Barthes aussi qui a tant souffert d'être récupéré par les médias et qui eut presque autant de peine à la mort de sa mère que lors de la publication d'un *à la manière de*. Qui a écrit, *je voudrais tant que quelqu'un me dise, un jour, enfin, une fois au moins, ce que j'ai fait de pas correct pour mériter tant de maux et n'avoir plus que l'or des mots pour refuser de me perdre à leurs jeux?* Qui?

L'auteur des lignes ci-dessus citées n'a pas écrit *ce que j'ai fait de mal* mais (un vrai *mais* cette fois, chargé de tout le chagrin des abus du *Nouveau Testament*) *ce que j'ai fait de pas correct*. Je le respecte cet auteur. Il est bien né. Il a eu le privilège d'être libre, c'est-à-dire captif et conscient de l'être. Je le respecte et je ne le comprends pas, puisqu'il faut tout *comprendre*, donner dans le *savoir-su*. De lui je tiens, et me contiens difficilement dedans, le sentiment de *liberté gaspillée*, et du dépit (voire mépris) pour tout ce qui est colon. Suis-je en train de citer Hermann Hesse et son *Démian, ou la jeunesse de Sinclair*, roman écrit par un Nobel allemand directement dans *notre* langue, *notre* identité, *notre* territoire, et où il est dit que, contrairement à ce qu'on nous a enseigné, ce n'est pas Caïn qui est l'homme fort mais Abel?

Les chats Patapoum et Patavan sont heureux, eux. Il y a des papillons. À quoi rêvent-ils, la nuit, épuisés par des journées de jardin? À Bucarest, des femmes se battent pour acheter des bébés orphelins quand ils n'ont pas déjà le sida. La rage venue de Russie est désormais aux portes de Paris. Bourassa a signé son livre pour tous ses amis, il a de la place, il n'y aurait que des pages blanches sur la biographie de ce chef. Havel, à Prague, demande une compensation pour les ventes d'armes qu'il ne peut plus faire à la Syrie. Autour de Dacca, il faudra attendre deux moussons avant que le riz ne pousse à nouveau. Danielle Mitterrand est allée à la Réunion, chez les Kurdes et à la rencontre du Dalaï-Lama. Que fait madame Mulroney, du patinage sur le lac *Après-Meech*?

Récent aveu d'un intello d'ici, *on souffre parce que les hommes d'affaires ont repris notre flambeau*. Il a bien dit *notre*, avec un brin de ce fatalisme désarmant qui signale l'artiste devenu sa propre institution, tout à l'emploi de sa célébration.

Au Festival de théâtre des Amériques le programme est riche en manifestations. Il ne faut pas manquer *La Classe morte* de Tadeusz Kantor. Le Strehler de Cracovie a fait tant de petits, et surtout de grands artistes, partout, dans le monde. Lui, redite de *La Vie dans l'âme*, qui est mort d'un arrêt du cœur le jour de l'élection d'Ubu Walesa, et c'est encore un bien grand honneur que de le qualifier d'Ubu. Bu suffirait. L'ivrogne du Vatican.

Le 25 mai.

Carnet 37

QUELLE *EST LA FLEUR* qui éclôt la nuit à trois heures du matin (l'horloge des fleurs) et que l'on appelle *galante du jour*? À quoi ressemble-t-elle?

Si tôt le matin. La porte du jardin est ouverte. J'ai taillé le cerisier qui a bien de la misère cette année. Je lui parle, je le touche, je ne veux pas qu'il crève. Un arbre si beau, en pleine ville, ça ne se peut pas. Du côté de Grande-Baleine (désinformation, déformation écolo?), on va en couper assez comme ça. Et puis cet arbre-là, il est la parure du territoire de Patapoum et de Patavan, surnoms de Tybalt de Carpentras et de Tibère de Rachel Est. Quelle idée ai-je eue en décembre d'acheter, au Salon des métiers d'art, cette «maison» à oiseaux, avec perchoirs et ingénieux système de distribution de graines. Je l'ai encordée à une branche du cerisier. Les moineaux venaient par douzaines, 13 à la douzaine, un beau chahut les jours de croque-mitaine. Seulement voilà, les pigeons, ces rats du ciel, racisme?, se sont passé le mot. Ils étaient là eux aussi en permanence, piétinant la neige, la croûte de glace, patauds, benêts, godiches, nigauds, à picorer les graines

LA VIE DANS L'ÂME

qui tombaient de la maison des moineaux, faisant çi et là leurs besoins, et diable sait qu'ils en ont des besoins à faire, comme tous les intellos de tous les pays, ils finissent par empoisonner la terre. Le contrepoison s'appelle le 30.10.10. Mais il faut parler à l'arbre. Lui dire comme à la 1326 de l'hôtel qui appartient à Dieu, il y a un an jour pour jour, qu'il faut lutter. Et voilà qu'il fait des pousses et se coiffe à nouveau. Ouf! Le soleil s'est levé. J'ai pris un bon café et j'ai mangé un fruit. Puis l'envie m'a saisi de taire les griefs que j'avais contre l'une ou l'autre, l'un ou le tiers. Et j'ai écrit un poème qui n'a pas trois vers, le premier, le troisième heptasyllabiques; le deuxième pentasyllabique; et qui pourtant, pour moi, est un haïkaï. Voici le désastre, les virgules sont là pour le respir, *le faucon crécerelle, se posa sur le cerisier en fleurs, jamais les moineaux ne revinrent.* Suzanne, en visite, m'a demandé «que fais-tu de tes poèmes?» J'ai répondu, «je les cache». «Depuis quand?» «Toujours.» Un demi-siècle.

Pas de TPS pour les yaourts à manger à la cuillère. Mais TPS pour les yaourts quand ils sont à boire. Et toujours TPS sur les livres. Sont-ils à boire, eux aussi, coupables de désaltérer? C'est fou qu'on n'ait pas même pu faire bannir cette loi qui, de toute évidence, *impose l'ignorance.* On a au moins sauvé les accents circonflexes de *éclôt, benêt, croûte, hôtel,* et *âme,* voir plus haut. Catherine Tasca sera-t-elle plus à même qu'Alain Decaux de comprendre que les soupirants d'une langue n'ont pas de leçons à donner et plus de leçons à recevoir?

Peut-être suis-je de (celles et) ceux trop deman-
deurs qui finissent par achaler jusqu'aux cinq
amies et amis des doigts de la main gauche, celle
du cœur? À trop demander, on est sanctionné.

Comme si l'amitié était inévitablement un
chantage. Je ne passerai de troisième hiver loin de
Paris qui m'était devenue un exil, *coda*, redite,
moderato cantabile, que si j'ai une raison d'écrire.

Jean-François, professeur de français, Suisse
du Jura, époux d'Odette qui m'a écrit sa peur du
faucon crécerelle, père de Jean, étudiant, amis tous
les trois, de celles et ceux qu'on ne compte plus,
m'a adressé cette lettre dont je cite les extraits que
voici, *bénéficiant d'un programme allégé pour me
consacrer au recyclage des enseignants en français, je
me suis plongé dans des ouvrages de linguistique, de
grammaire, et autres, dans le but de découvrir des
techniques nouvelles qui amèneraient les élèves à produire des textes de valeur. Il m'est venu ainsi un soup-
çon, qui peu à peu s'est transformé en certitude: l'écrivain, le vrai, le créateur, c'est avant tout un être qui
modèle la langue à son gré, qui domine les techniques
d'écriture en les transcendant.*

*J'ai eu entre les mains des ouvrages, des manus-
crits aussi, de gens de notre région qui, comme on dit,
«se piquent d'écrire». Beau langage soigné, phrases
correctes, images recherchées, tout semblait correct. Le
sujet même était intéressant. Et pourtant, je ressentais
comme un malaise à ces lectures. Ces livres (car ces
auteurs ont trouvé des éditeurs) ne seraient jamais de
grands livres. Intuition? Eh bien non! La faute en est
à l'école. Notre devoir est d'apprendre aux enfants à*

s'exprimer «clairement», à construire des phrases correctes, à découvrir les métaphores, à enchaîner les phrases selon une progression thématique, à maintenir la cohérence du texte, et j'en passe. Ceux qui y parviennent le mieux obtiennent aussi les meilleures notes, et si l'un d'entre eux réussit régulièrement à s'octroyer la palme, le voilà prêt à se sentir appelé! Et de pondre histoire sur histoire, au grand étonnement de l'entourage plein d'admiration béate. Et à la grande gêne d'autres, comme moi, qui n'osent pas dire la vérité parce qu'on les traiterait de jaloux. Il faut alors se réfugier dans des sentences édulcorées comme «beau style finement ciselé», «gentille histoire joliment contée», etc., qui n'abusent que ceux qui ont envie de l'être.

Depuis que tu publies certains de mes propos, je n'ose plus citer de noms. Au reste, leurs ouvrages ont peu de chances de tomber entre tes mains! J'ai voulu tester moi-même les effets de cet aveuglement en rédigeant une nouvelle pour un concours littéraire. Jugé nul par mes maîtres en mon temps, je serais bien amusé de voir mon texte retenu! Rassure-toi cependant, je ne vais pas me mettre à écrire. Tant pis pour la littérature française.

Ce qui charme dans l'écriture, c'est justement cette souveraine liberté que l'on peut prendre face à la langue. Ruptures de thèmes délibérées, mais si bien choisies qu'elles créent à la fois la surprise et l'image. Emploi du futur dans le récit, mais si naturellement qu'on s'étonne de l'admettre aussi facilement. Si je crois au talent, c'est dans la mesure où il se manifeste sur une matière parfaitement connue, maîtrisée au point de lui imposer de nouvelles formes.

La création ne repose pas, en effet, sur l'emploi de techniques nouvelles seulement. Combien d'auteurs, d'artistes de notre temps, ont-ils cru que l'innovation technique suffisait à créer une œuvre? C'est sans doute ce qui provoque la désaffection du public pour un certain art moderne, pour une certaine musique «dodécaphonique» ou «sérielle», pour une poésie abstraite faite de ruptures thématiques constantes. L'artiste véritable fait «du neuf avec du vieux», faute de quoi il se coupe de ses contemporains. À moins qu'il ne trouve une coterie de snobs pour le porter au pinacle.

Quant à nous, les enseignants, nous ne pouvons qu'expliquer, rendre compte d'évidences, mais nous ne façonnerons jamais d'écrivains.

Dont acte. Merci Jean-François. Caresse pour moi tes chats Mitis et Nigra, dis bien à Odette que les moineaux reviendront et à ton fils, Jean, de ne pas oublier ses condoms quand il «va au cinéma» avec sa *chumette*.

J'ai de l'angoisse, c'est vrai. Il y a de l'errance dans ce *Carnet*. Qui donc disait aujourd'hui à 100,7 FM, *on écrit pour se guérir de la solitude*. Je la trimballe, celle-là, depuis que je suis né, *bagage accompagné* comme on dit. «On.»

Le 1er juin.

Carnet 38

UN DIRE DE JEAN COCTEAU, *trente ans après ma mort, je me retirerai, fortune faite.* Que celles et ceux qui sourient encore à son nom lisent ne serait-ce que *Le Cap de Bonne Espérance* ou aillent voir *Le Testament d'Orphée.* Chaque parole, sentie, jusque dans l'humour, est testamentaire, salutaire. Faut pas se taire et se terrer.

Dans le *Journal* de Kafka, cette phrase, *un livre doit être la hache qui brise en nous la mer gelée.* Tant de livres qui ne délivrent pas et par lesquels néanmoins on surnage, survit, combat, persiste, continue.

J'ai écrit une dédicace à la librairie Pantoute de Québec, *chacune, chacun doit à l'autre ce qu'elle ou il n'a pas su ou pu recevoir en temps voulu.* Je suis en train de lire *Ce vice impuni, la lecture* de Valéry Larbaud. Je redeviens vicieux.

Le dimanche, c'est la furie des chalets. La ville se vide, elles et ils vont par hordes passer la fin de semaine dans des nuées de bibittes, maringouins, mouches noires, perce-oreilles. Même en plein jour il faut sortir couvert d'insecticides. J'ai un chalet dans ma tête et un paysage dans mon jardin. J'ai déjà assez de bobos comme ça. *Les cha-*

letrices et *chaleteurs* seraient-ils masochistes? Le masochisme irait-il, ici, de pair avec la jalousie contenue?

Où ai-je lu *la pire des jalousies c'est l'indifférence*. Est-ce si dur à comprendre? C'est pourtant clair comme de la Naya: signaler sa jalousie, jouer le jeu de l'autre et de sa contrariété, de sa différence, c'est donner l'avantage au Caïn de l'affaire. Les vrais jaloux sont indifférents.

J'ai fait un rêve: il y avait autant de monde à la désormais parade de la Saint-Jean-Baptiste qu'aux feux d'artifice du pont Jacques-Cartier. Ce n'était qu'un rêve? *So good*, dirait la madame du billet de deux piastres.

Merci à Alan B. qui a pris le temps de transcrire deux longs fragments d'Alexis de Tocqueville, extraits de l'ouvrage *De la démocratie en Amérique*, livre I, deuxième partie, chapitre II et chapitre III, 1835. Le second extrait est impertinent d'actualité, il restera au secret du courrier. Je cite le premier, pour sa pertinence, *pour un étranger, presque toutes les querelles domestiques des Américains paraissent, au premier abord, incompréhensibles ou futiles, et l'on ne sait si l'on doit prendre en pitié un peuple qui s'occupe sérieusement de semblables misères, ou lui envier le bonheur de pouvoir s'en occuper.* Cela me fait penser à un opéra (ah! les accents de Vickers chantant cet air), *cette obscure clarté qui tombe des étoiles.* Cela me fait également penser à cette inscription anonyme qui avait été peinte tout le long du trottoir, mur *aveugle* de l'École des langues orientales (hasard objectif?)

en face du 5 rue de Lille à Paris, domicile de Lacan, récurrence, variation, insistance, *la publicité de la misère ne se distingue pas de sa suppression.* Phrase obscure? Obscure clarté? C'est pourtant simple, appliquez-la à certaines images d'horreur diffusées quotidiennement sur les écrans de télévision, *publicité de la misère.* N'appellent-elles pas une *suppression*? Et celui-ci d'affirmer que le *Devoir* serait meilleur avec de la couleur comme, comme et comme? J'aime le noir et blanc, le clair-obscur, celles et ceux qui savent, peuvent et osent poser les questions qui ne commandent pas de réponses. Ici, comme partout ailleurs, les politiciens lisses veulent répondre à tout. Quand on pense que l'URSS est à genoux devant Bush et ses spécialistes en boucherie (jeu de mots), pacifistes-mon-quelque-part; et explication, on donne un coup de pied *quelque part,* vous avez compris, c'est cette partie du corps.

D'où; les *quelque part ça m'interpelle* des psys du vatican lacanien; les nombreux *quelque part* qui émaillent les nouvelles et les entrevues à la radio ou à la télévision. Écoutez vos amies et amis dire *quelque part* sans même s'en rendre compte (le verbe *réaliser* eût été un anglicisme). Gorby les voudrait bien ses 100 milliards de dollars. Est-ce là le prix de la fin d'une idéologie? Fin de millénaire, fin de siècle, on brûle çi et là jusque aux effigies de Marx.

On aurait mieux fait de s'en tenir à Tocqueville et pour la philosophie à Schopenhauer. Tout a été si finement dit, déjà, 1 000 fois en 3 000 ans, les dernières décennies ont tout fait capoter. On a *tout* prévu. On a *tout* quantifié. Plus *rien* n'est qualifié. Laissons le dernier mot aux faiseurs d'ombres sombres, aux maquilleurs de l'Histoire, dont *Ubush* est le champion, et gardons le premier, celui de l'émotion, envers et contre tout, toutes et tous. Le souhait, ici, est *inespéré*, pas désespéré. Il se trouvera bien un universitaire (au fait, mon offre de service n'a rien donné, j'ai donc encore plus de considération pour ce mandarinat-là, quelque part, etc.) pour dire qu'un *inespérément* est une *chichiterie*. La baffe! Je vivais à Montréal depuis quelques mois. Ça se passait à l'UQAM. Maintenant, ça fait deux ans, deux ans sur le compte à rebours, j'habite mon nom. Écrire, c'est *infinir*. Encore une *chichiterie*. Et pour la fortune de l'auteur, relire le début de ce *Carnet*. La vraie fortune est dans le regard, dans l'écoute, dans le tact et le contact, même pornographique. C'est tout ce qui reste aux séropos de l'âme et du corps.

Et si j'ai fait quelque chose de pas correct c'est de naître et forcément d'être, être ce que je suis, sans cesse le devenir.

Le jardin-paysage est simple. Le cerisier n'est pas mort. J'entends l'herbe pousser. Et le houblon, le *ginkgo biloba*, le catalpa, l'érable du Japon, la vigne vierge. Personne n'est venu cueillir le muguet. Les écureuils ne sont pas contents quand il n'y a plus rien à manger. Tibère (dit Patavan) les course jusqu'en haut de l'échelle. Il se croit Tarzan et, poum, il tombe. Tybalt, lui (dit Patapoum), est amoureux de la chatte du voisin. Il doit lui parler de Carpentras et des fleurs de la serre dans laquelle il m'a adopté, que dis-je, rapté. Côté rue, le long de la palissade, j'ai planté 13 *célibataires,* nommés *vieux garçons.* Six ont disparu. Il en reste sept. Ils ne font plus la haie. C'est moins triste.

Amende honorable à la grande romancière Devise Cuirassier, femme courageuse aux cuisses d'acier, admirée de tous, même des plus redoutables. *Sorry. Amende honorable* à Michèle Richard: le populaire est respectable. *Sorry. Amende honorable* à Roch Voisine qui n'est peut-être pas si bien que ça à poil, et qui vit un grand amour à Paris-Mauvaise-Langue, avec une de mes «ex» qui s'est toujours refusée à moi, pas même pour une confidence. Elle ne me faisait pas confiance. Elle disait qu'elle *était aux femmes.* Et tac, crac, Roch me la pique 20 ans plus tard. Tybalt me dit «on se reprendra, j'aime la chatte de la voisine». *Sorry* répète la dame du billet de deux piastres. Après tout, on a le Bourassa qu'on mérite. Le rêve américain n'existe plus qu'au Québec. La cause est-elle perdue d'avance? Saint Miron, écris-nous un poème, chiche, en grand, dans le *Devoir.*

Le 8 juin.

Carnet 39

À NEUCHÂTEL, dans ce pays de Suisse où un Dürrenmatt, récurrence de ce *Carnet,* affirmait (au prix de sa mort quelques jours plus tard?), face à Havel, qu'on vivait *à la fois prisonnier et gardien de sa geôle,* la fontaine de la Justice vient d'être écrasée par une grue. On n'arrête pas la construction. Quelle construction? Faut-il vraiment détruire pour construire? N'a-t-on même plus le droit de dire que *le regard sur l'art a changé,* sans passer pour je ne sais quoi? L'adresse en réponse était incompréhensible. Oui, la perfection peut atteindre l'inanimé et cela concerne le plus grand nombre.

Revenons donc à la fontaine de la Justice. Les dernières et derniers des gladiatrices et des gladiateurs en faisaient sept fois le tour symbolique lors, par exemple, des événements de Tien An Mien ou de l'invasion de l'Irak. Les occasions ne manquaient pas. On ne pourra pas reconstruire ladite fontaine: tous les petits bouts ont été ramassés par des obstinées et des fervents. Il faudrait la reproduire. Mais en a-t-on la mémoire exacte? Rien ne remplacera jamais la pierre d'origine.

Une amie polonaise m'écrit que son pays est retombé au Moyen Âge. Et le pape d'aller bénir son Nobel de l'ivrognerie qui, sitôt au pouvoir, autre récurrence de ce *Carnet*, s'est empressé de rendre à nouveau l'avortement à toutes les interdictions et les sanctions.

Un ami de Moscou, Vladimir, m'écrit pour me demander des *chaussures taille huit américaine*. C'est fait. Mais recevra-t-il le colis? Trois paires. On a la même taille. N'ai-je pas marché des années dans les chaussures de mon père, après sa mort. J'étais le seul des trois fils à avoir le même pied (et la même gueule, et le même ventre, et le même *humanisme perdu du XXe siècle*) que lui. Ainsi de père en fils, d'ami en ami, ça marche l'obstination, envers et contre tout, toutes et tous. Avez-vous remarqué que je n'ai pas besoin d'*uqamiser* (féminiser) mes *Carnets*? Je tiens cela de ma mère et des années 50. Mes substituts, dans mes romans, sont surtout des femmes. Il y a un couple qui écrit en moi: le père qui marche (le même modèle Bally suisse, toute sa vie, taille huit sur mesure, inusable); et la mère qui veille, se penche, se garde bien de *surveiller et punir*, allusion à Foucault, Michel, petit-bourgeois de Poitiers, floué par ses sacristains, isolé par ses adorateurs, captivé par la honte de ses amours qui allaient *l'emporter* plutôt tôt que tard, et, disait *Libération*, fin d'un éditorial, liberté de la presse?, *comme si un homme d'une telle importance pouvait mourir d'une pareille maladie.*

Tout ce que je sais, c'est que mes deux dernières paires de Bally suisses vont aller se balader au bord de la Volga, dans les fourrés j'espère. Salut Vladimir. À la poste de Sainte-Catherine Est, on m'a dit «Surtout pas de timbres, ça attire les voleurs». Le colis arrivera, je le veux.

Quand on m'a donné le Goncourt, il y a plus de 10 ans, chez Flammarion, j'avais aucune chance. Cependant, on me l'a donné. Jocelyne François, amie chère qui a connu la paralysie, elle aussi, depuis, involution? implosion? vouloir-vivre?, a eu le Fémina le même jour pour *Joue-nous Espanã*. Le lendemain, *Libération* titrait *le Goncourt à un pédé, le Fémina à une lesbienne*. Tout comme en 83, ils avaient titré pour le sida, *le cancer gay*. Je suis venu vivre au Québec pour une convivialité dont je ne veux pas croire qu'elle est mâtinée de timidité et de jalousie. J'y crois encore. Ah! le bel accent circonflexe, troisième récurrence, de *mâtinée*.

Je ne dors plus depuis le 5 mai à cause du printemps qui sent la mort; à cause des éditeurs qui sont tous les mêmes ici comme ailleurs; à cause du monde chamboulé; à cause des amis qui règlent leurs comptes jusque dans l'affection; et parce que c'est trop donner pour si peu recevoir. Nous sommes le 5 juin. Soit trois jours avant le 8, date fatidique, chiffre de la mise à épreuve, *Carnet 38*. Et voici le *Carnet 39*: faut continuer. Je n'ai pourtant plus de leçons à donner et plus de leçons à recevoir. J'ai abandonné il y a un mois, au début du chapitre 13, le roman *Les Exils* que j'écrivais avec ferveur, économie, passion. Mais j'étais entré dans le labyrinthe, et je suis vite revenu au point de départ. Mon plus récent roman, simple parcours, sobre, amoureux, allait-il donc subir, soit les habituelles salves de silence (Victoria de Los Angeles à Régine Crespin *la seule véritable sanction*, récurrence n° je ne sais plus), soit, au pire, les réticences d'un plus jeune. Qu'il écrive donc ce *Carnet* celui-là qui ne sait pas que l'on souffre et souffle sur des braises. Je lui laisse le dernier mot, les cendres, et je garde le premier.

Dans le jardin, ce matin de 5 juin, j'ai fait sept fois le tour de mon cerisier qui, parce que je lui ai parlé, parce que je l'ai soigné, touché, interpellé dirait le psy de service, s'est coiffé de feuilles et de fruits: il revit. *Tout désespoir n'est pas perdu.* C'est de qui?

Au bar du Bloc, je grignotais les habituelles lamelles de céleri et de carottes avec quiche «pas trop chaude s'il te plaît», un voisin a dit à un autre mec, *quand on est trop près des êtres, on se brûle* puis, *c'est le genre de personne qui te viole et qui te dit en même temps «accroche-toi pas!»* Sur le vif. Noté. Croqué. Le repas de la vie. Le *repas* et voilà que je voudrais lire le *repos*.

Il était quatre heures du matin quand j'ai fait sept fois le tour du cerisier, en pensant à la fontaine de la Justice de Neuchâtel et à toutes, toutes les causes perdues d'avance. Le cahier *Société* du journal du jour, le nôtre, titre *la forêt québécoise au bout de son rouleau*. Puis le jour s'est levé. Il y a eu le courrier. Richard Desjardins m'envoie la partition de *Tu m'aimes-tu*, ça fait du bien. J'attends rien des pingres. Jours tranquilles à Montréal. Et je demeurerai de bon humour.

J'ai dit à Suzanne, *et Virginia Woolf eût-elle aimé qu'on la nommât écrivaine ou auteure?* Suzanne a souri.

Où ai-je lu: *la gravure, cette forme grave d'écriture;* et, *nous tenons à la possibilité de déséquilibre au risque d'échouer;* et, *un sourire peut n'être qu'une grimace refoulant des pleurs;* et, *vivre le bonheur dans une marge;* et, *la confidence est une arme à double tranchant, on coupe avec, puis on se coupe et on est coupé;* et, *la logique sangle l'affection;* et, *si tôt le matin on se dit que la lucidité est une exigence;* et, *c'est dur un texte, on s'y brûle les ailes sans même s'en rendre compte;* et; et; et… Qui? Dont acte. RDV samedi prochain, un ami qui vous veut du juste.

Le 15 juin.

Carnet 40

ON ÉCRIT DUREMENT, et on relit *purement*. Le pur ne ment pas forcément. Le dur non plus. Pure et dure, donc, l'écriture, au risque des «réticences» qui sont parfois des crachats. Tant pis. Ce n'est pas un jeu. C'est un «je». Je suis *hors je,* hors de moi. Comme disait le général de Gaulle à une de ses favorites (il en eut, dont Joséphine Baker) qui se plaignait du mauvais accueil critique à un de ses livres, *Madame, louange ou blâme, c'est toujours de la réclame*. De Gaulle? Souvenez-vous, c'est aussi celui qui a dit à Mexico, *mano en la mano*. Tibère (de Rachel Est) me dit, *t'es pas rigolo*. Tybalt (le maudit Français) ajoute *ça fait vieillot*. Pauvre tante Yvonne (la régulière du général en question). Tiens, une phrase sans verbe.

Monsieur le maire de Montréal, avec tout le respect qui vous est dû, essayez en simple citoyen de la ville d'appeler les numéros d'accueil 872-1111; 872-2305; 872-6395 (et j'en oublie) en principe à la disposition de l'une ou l'autre, les anonymes, de 7 heures du matin à 11 heures du soir, c'est toujours, toujours occupé. Est-ce décroché, ou faut-il multiplier les lignes? Au prix des taxes municipales, ça devient fatigant d'entendre tutt-tutt-tutt-tutt du 5 mai à la fin de juin. La faute à personne. La barque est bien ancrée au bord du Saint-Laurent. C'est juste un petit détail à régler. Du savoir-vivre-en-ville?

La réforme de l'orthographe a été enterrée quelque part (voir *Carnets* précédents) dans le Golfe. Cependant, l'ami suisse de Tramelan, dans le Jura, en m'adressant cette lettre «ben fine» sait, jamais deux sans trois, que nous en profiterons tous, donc, *si, comme de nombreux enseignants, je souhaite une réforme, je refuse par contre qu'elle aboutisse à une nouvelle norme. Je suis irrité de constater que, de nouveau, on cherche à imposer un nouvel usage, alors que c'est à plus de tolérance que j'aspire. Qu'on cesse enfin de juger les gens sur les deux consonnes d'un mot, quand Furetière écrivait «appercevoir», qu'on cesse de jouer au jeu imbécile de la dictée, où l'on va jusqu'à choisir des textes de Rousseau que lui-même écrivait autrement. Que l'on admette deux graphies pour un même mot, comme c'est déjà le cas pour nombre de termes (80 sous le seul A du Petit Robert, dictionnaire normatif s'il en est). Qu'on nous laisse écrire (et dire) porreau, que des ignares ont dit poireau par confusion avec «poire»! Que Paris cesse d'imposer sa norme écrite et orale: n'ai-je pas lu que «la distinction entre «un» et «in» tendait à disparaître, et que le circonflexe n'était plus pertinent pour déterminer la longueur d'une syllabe»? Or, chez nous, «lundi» ne se dit pas «lindi», et «pâte» se traîne bien plus que «patte». Il serait grand-tems (Rousseau) que l'on en vînt à une attitude plus raisonnable (ou raison-*

nable) dans ce débat passionnel où chacun se sent concerné et «très-compétent» (Littré). On pourrait enfin apprendre aux enfants à écrire et, qui sait, à devenir «poëtes» (Littré) au lieu de pédants. Vive «vérandah», «camélia» (qui devait s'écrire camellia, ce que refusa de faire Dumas fils!), agace ou agasse, lis ou lys, événement ou évènement, pour que survive le français.

À celles et ceux qui aiment la lecture à voix haute, le partage, la jouissance des paroles échangées, je conseille vivement un de mes classiques favoris, *Les Incertitudes du langage* de Jean Paulhan dans la collection Idées Gallimard. On le trouve d'occasion, souvent usé, exténué. A-t-il été réédité? J'ai peur des ordinateurs de librairies. N'ai-je pas vu l'ensemble de mes titres publiés *rudement* (et purement) depuis 20 ans sous la rubrique *littérature homo*. Sous quelle désignation se trouvent Loti, Proust ou Balzac? Gide est-il dans la catégorie *pédé* (rastes): il est pourtant question clairement et avec ferveur du *caca du petit Édouard, sur la lunette des cabinets*, dans son *Journal*. De quoi rendre folle la grande pourfendeuse de service, ici, dont je tairai désormais le nom tant il est à la fois magique, tragique et respecté. Revenons à Paulhan. Il est dit par l'homme de verbe savoureux dans ce recueil d'entretiens, que quand *on aime quelqu'un* (une romancière, un romancier) *on aime tout, on lit le tout quelqu'un.* C'est ainsi que j'ai, du temps de mes 20 ans, découvert Limbour, Georges Limbour, tout Limbour. Grâce à lui. C'est qu'on ne peut pas priser d'un côté et mépriser de l'autre. C'est à prendre ou à prendre, deux fois *prendre*, et je lis *pendre*; il n'y a pas d'alternative.

On mesure la jeunesse d'une œuvre à sa capacité d'émerveillement. De ces émerveillements, droit venus de l'enfance, perpétuité, qui peuvent se manifester tant dans le merveilleux que dans le tragique: c'est toujours la même révolte.

Bientôt, le plus bel été de ma vie. Il était temps. Chaque geste, chaque regard, chaque visite, le jardin me les rend mille et une fois, comme dans un conte. Il y a les digitales, les iris, les fraises; le cerisier est majestueux. L'érable du Japon a des feuilles rouge sang, rouge sombre, rouge sang d'encre. Le *ginkgo biloba* planté sur une paire de sandales, trois pièces d'une piastre, et une boîte de nourriture à chat (le tout se dégrade et fortifie), me fait des foisons de ces feuilles au sujet desquelles (dans *Le Divan*) Goethe écrivait *est-ce un être vivant, qui s'est scindé en lui-même? Sont-ils deux qui se choisissent, si bien qu'on les prend pour un seul?* L'important c'est d'être ce que l'on est et naît. L'important est de le devenir. Il se trouve toujours en chemin, errance que ma vie, obstination, migrations, illusion des possibles réceptions, quelqu'une ou quelqu'un pour vous donner des coups de rame sur la tête alors que vous essayez de traverser le Saint-Laurent à la nage; quelqu'une ou quelqu'un pour prétendre que le *dégradant* (pas ce qui se dégrade) fortifie. Là, stop, ça n'a plus de sens et encore moins d'allure. L'été qui s'en vient me fait encore plus peur que le printemps. Le jardin atténue, certes. Mais derrière les clôtures et les murs, ici et au-delà des frontières, il y a tant, et tant, et tant de misères; tant, et tant, et tant de mensonges. «Floué, le monde!» crie au fond de moi l'enfant capable d'émerveillement malgré tout. Tout. Toutes et tous. Même pas *presque*.

Quelques vers de Georges Limbour extraits de *Histoire de famille* dans *Soleils bas*, collection Poésie Gallimard, page 163, *l'émigrant s'étonnait des baisers de ces belles, qui lui donnaient des fleurs, tournaient sa manivelle* (il a un orgue de Barbarie) *il ne comprenait pas, poussiéreux ébahi, quand leurs voix d'exilées mendiaient sa ritournelle:* «*Joue-nous encore un air de notre beau pays.*» Il fait nuit. Le jardin appelle. Il a soif. Tibère a dit à Tybalt: «Yves a fini.» Tybalt s'est étiré en murmurant «40? son année de naissance».

Le 22 juin.

Carnet 41

NE RACONTEZ PAS LA FIN. Merci. La décision d'aller passer cinq jours à New York avait été prise chez Olga et Abel Klein, rue Drolet, le second dimanche de janvier. Il y avait là Johanne & Lisette, Céline la juge, Jean-Luc le notaire célibataire, Wayne, 19 ans, et ses parents, monsieur et madame Dixon, Oswyn et Madeleine, un anglo et une franco, 5 enfants, et Wayne leur dernier. Madeleine Dixon disait volontiers de ce fils «il est généreux comme seuls peuvent l'être les enfants terrorisés».

Ça ne s'était pas très bien passé avec les aînés, toutes et tous mariés, désormais. Wayne avait grandi à la traîne, pas particulièrement choyé, pas vraiment méprisé non plus, un peu oublié et cela l'avait rendu plus attentif, plus à l'écoute, plus ténébreux et brillant à la fois. Son père, parfois, lui pinçait la joue «*little crook*, ta mère m'a reproduit à l'identique. Tu es très exactement devenu celui qu'elle a rencontré». La remarque, répétée pour une nième fois, ce qui faisait rougir Madeleine, avait amusé le notaire, la juge, les Klein, Johanne & Lisette que Wayne appelait *Johette & Lisanne*, et ce dimanche-là, d'avant la déclaration de la guerre du Golfe, les Dixon avaient accepté que Wayne se joignît au groupe d'amis «avec l'argent qu'il a gagné l'été dernier à la Maison de la presse internationale. Mais sans nous. Merci de le prendre en charge. New York nous y sommes allés, une fois suffit». *It's enough...*, avait répété Oswyn. Qui, du groupe, avait dit *it's also a must.*

À 19 ans, on est beau comme le vent qui vient du large, inaugure et glisse sur les dunes des îles de la Madeleine, ou dans les *docks* de Paspébiac. Céline eût tant aimé avoir un fils de ce sourire et de cette stature. Jean-Luc avait dit un jour «Wayne a des dents comme des amandes fraîches». Olga prêtait des livres à Wayne. Abel était allé jusqu'à lui montrer son matricule tatoué de Treblinka, Johanne et Lisette lui disaient volontiers «pti frère». Wayne allait à McGill, logeait chez les Klein, et le «clan Klein» l'avait adopté. Les Dixon venaient, de Sillery, chaque dimanche.

Tout avait été programmé. Ils iraient à New York à sept dans la jeep japonaise du chalet de Jean-Luc. Ils laisseraient la voiture au parc de stationnement de l'aéroport de La Guardia et ils feraient, dans la ville, de musée en musée, tous les déplacements à pied ou en métro. «Le moins souvent possible, le métro» avait demandé Madeleine. Oswyn avait plaisanté, en français, «voyons, Madeleine, un gaillard comme ça!» insistant sur le mot *gaillard,* souvenir du bon vieux temps de leur première rencontre.

À l'hôtel *Pickwick's Arms*, 51ᵉ Est, pas très dispendieux, cinq chambres avaient été retenues; deux doubles, Olga & Abel, Johanne & Lisette; et trois simples, Céline, Jean-Luc et Wayne, chambres voisines, sur le même palier, Olga avait insisté. Détail important, les chambres individuelles de Jean-Luc et de Wayne avaient une salle de bains en commun. Qui donc occupait le lieu fermait le loquet de la porte de l'autre.

C'était le mois dernier entre le jeudi 6 et le mardi 11 juin. Le jeudi soir, jour de l'arrivée, Olga invitait tout le monde au Carnegie Hall, un récital de piano. Au sortir, deux fois trois dans deux taxis, c'est la loi, Wayne se retrouva petit dernier, non sans plaisir, «je veux rentrer seul et à pied, s'il vous plaît». Le mot *gaillard* avait fait de l'effet. «À demain?» «À demain.»

Le vendredi matin, le groupe attendait dans l'entrée de *Pickwick's Arms*. Jean-Luc remonta dans sa chambre, passa par la salle de bains, et frappa à la porte de communication de la chambre de Wayne. Pas de réponse. Il insista. Puis il ouvrit la porte: le lit n'était pas défait, Wayne n'était pas rentré.

Alors, on se dit des choses comme «faut lui faire confiance», «il sera là ce soir», «il sait ce qu'il fait». Et on va de musée en musée, un peu par obligation, chacune, chacun, contenant une inquiétude. On ne s'amuse plus. Puis au retour, toujours pas de Wayne, pas de message. Abel dira, «c'est de son âge, moi aussi à Varsovie...» Ils lui laisseront son ticket d'entrée au théâtre sur son oreiller avec un mot, *rejoins-nous vite*.

Au retour, Wayne n'avait toujours pas donné signe de vie. Ils l'attendront, tous les six, dans sa chambre. Personne n'osera toucher au ticket de théâtre sur l'oreiller. D'ailleurs, qu'avaient-ils vu d'autre qu'une place vide à leur droite? Qu'est-ce qui s'était joué, dansé, chanté en scène? Olga répétait «il reviendra». Lisette pleurait. Céline se tiendra obstinément près de la fenêtre. Abel ira chercher des boissons chaudes, café, thé, infusions, biscuits secs. Jean-Luc restera assis, abattu, au bout du lit, et Johanne ne quittera pas le petit bureau devant le miroir, tête baissée, serrant les poings. Vers cinq heures du matin, ils préviendront Oswyn et Madeleine, puis la police. Le samedi était jour de grande parade. Les vainqueurs de la guerre du Golfe allaient défiler sur la Cinquième Avenue, sous des tonnes de confettis, victoire?

Monsieur et madame Dixon arrivèrent de Sillery aux alentours de midi. Ce furent à nouveau les bureaux de la police. Il faisait beau. La ville, coupée en deux, était en liesse. Au consulat, on leur conseilla d'attendre au *Pickwick's Arms*.

Vers cinq heures de l'après-midi, Wayne appela, la voix brumeuse, lointaine, voix de cendres, «je suis à l'hôtel Drummond, 44e Rue, chambre 555. Venez vite!»

Un hôtel décati, un portier derrière un grillage, comme une prison, dans ce qui fut un palace et des gens égarés, perdus, sur des fauteuils, dans l'entrée. Le groupe et la police entrèrent dans la 555, vaste chambre, stores baissés, et

Wayne couché, sous perfusion, comme une lueur dans son regard; le vent du large soufflait à nouveau, il était sauvé. Mais, un vrai *mais*, le *mais* du *manque,* on lui avait pris, on lui avait volé un rein.

   Le médecin de la police dira «l'opération a été remarquablement bien faite». Le chef de la police ajoutera «et ils ont eu l'élégance (*they were smart enough*) de laisser le nom de l'hôtel et le numéro de la chambre sur la table de chevet». C'est tout. Ne racontez pas la fin. Ou alors, racontons la fin du monde. Qui a parlé des *boucheries* de Bush, où et quand? Ces choses-là n'arrivent que dans la vie. La vie? Voulez-vous devenir *canétatsuniens*?

                                        Le 29 juin.

Carnet 42

Où IL AURAIT ÉTÉ QUESTION des cyclistes de Montréal qui se permettent tout, au premier rayon de soleil, dans tous les sens, surtout interdits; sur toutes les voies, macadam ou trottoirs et à tous les feux rouges. Le piéton ne peut plus regarder le ciel une seconde. Et si jamais, bousculée ou bousculé, elle ou il se fâche, la ou le cycliste a le mot railleur. Bande de faux écolos. Avez-vous jamais passé des semaines et des mois dans un fauteuil à roulettes? Le pire carrefour, c'est Berri/Sainte-Catherine: le couloir de la mort, même le rouge y est vert. On rêve de l'hiver. Cyclophiles, vous avez mon respect et ma colère. Les beaux jours de Montréal sont des jours *à risque* pour celles et ceux qui ont l'humeur marcheuse ou le plaisir piétonnier. Vie de la ville, mode d'emploi: la liberté commence au respect des règles. Enfargeuses et enfargeurs des trottoirs et chaussées, attention S.V.P.; à chacun son bonheur, et pas de heurts.

Où l'on se souviendrait de cette pensée de Kierkegaard, *l'angoisse caractérise l'homme mieux que la station debout.*

Où l'on citerait Beaumarchais, *loué par ceux-ci, blâmé par ceux-là, me moquant des sots, bravant les méchants...* C'est trop beau pour être possible. Il y a des blessures qui ne se referment pas. Le placard de mon amour-propre est bondé: on n'y glisserait pas même une feuille de cigarette. C'est pas grave, c'est pire, ça tire vers le parapet et ça vous donne envie d'enjamber. Plouf. Ouf! Saint-Laurent *love-moi*.

Où il serait question de Marie-Luce qui vient de me dire au téléphone, *qui trop attend, laisse passer le train.* Il n'y a plus de trains au Québec.

Où l'on se souviendrait, après Georges Bataille, de ces conteurs détenteurs d'une écriture, *belle comme la peur, folle comme une morte.*

Oui, *le ciel était d'un bleu à s'y perdre.* Oui, c'était un *matin où les oiseaux chantent à cœur fendre.* Oui, il y est question d'une âme *qui souffle dans le cou* et de quelqu'un qui a *des yeux bleus comme le vent glacé dans le ciel sans nuage.* Jeanne-Mance Delisle subjugue dans ses *Nouvelles d'Abitibi*, récemment parues aux Éditions La Pleine Lune. Faut-il préciser que le livre est en vente, avec maudite taxe qui impose l'ignorance, dans *toutes* les librairies? Il me fut en effet, même pas «monsieur», ou «cher monsieur», ou «cher Y.N.», rien, reproché par l'éditeur de Suzanne Jacob de ne pas avoir précisé ce détail lorsque j'ai dit ma liaison amoureuse avec les flagrantes *Plages du Maine*. Loin de moi l'idée de faire telle ou telle critique, mais puisque ce *Carnet* est dans la section Plaisir des livres (*livres* ou *lèvres*) autant souffler sur ces braises que sont les textes de Denis Bélanger, Suzanne Jacob, et aujourd'hui Jeanne-

Mance Delisle. À les lire, on se fait des racines. On se moque bien de ceux qui ne critiquent que pour laisser des cendres. Bouche à oreille, puis bouche à bouche dans les draps des pages, la vraie critique se tient là, celle qui a le premier mot quand les censeurs ne veulent que le dernier. Qu'ils se le gardent ce dernier mot de l'impuissance. *Qui dira l'immensité d'une phrase ponctuée par des mots?* Cette question est de Duras, Marguerite. On lui en a fait bouffer de la cendre, à elle aussi.

Les commentateurs de musique classique ont de bien curieuses manières de parler. Ainsi, à l'instant de cette ligne, *simultanéité textuelle* dirait l'exégète du service fonctionnaire de la Culture, tel pontife de Radio-Canada vient de présenter ainsi un concerto pour piano de Bartok, *un miracle d'ambiguïté, dans une sérénité qui n'est jamais concluante.* Moi de sourire. Puis de rire. Et d'écouter enfin, Béroff/Boulez, la grande époque, New York City n'était pas encore devenue un cimetière. J'allais au concert comme on va à la fontaine pour y puiser un peu d'eau et le ciel, le ciel qui se miroite dans l'eau.

Où il sera dit qu'il a fallu que j'élague le jardin pour que tout respire et que chacune des plantes, chacun des arbres puissent répondre au regard et dire «calme-toi» ou «te fâche pas» ou encore, «c'est toujours la même histoire». Tybalt insiste «écoute le jardin, chasse les papillons noirs de ta tête. Tibère et moi allons courir, bondir après eux, ils ne reviendront pas. Écoute Éma-

nuel, Anne, Suzanne, Denis, Jean-Claude, Fabrizio, Lise & Paul, Andrew, Christian & Roch, Roch
& David, Dominique & Jocelyne, écoute la vie,
pas la morgue, la jalousie qui nargue. Viens-t'en
chez nous les seuls une fois pour toutes».

Où il serait dit que je ne dors pas depuis le
dimanche 5 mai, jour où Solange m'a dit qu'Apollinaire *écrivait comme une femme*, jour où j'ai arrêté
d'écrire *Les Exils*. Un roman allait sortir à Paris-la-
Blasée, encore une fois dans un corbillard. Durée
de vie d'un roman là-bas: six semaines. Six semaines d'insomnie. Et voilà qu'on m'achale, ici, aussi.
Bon, c'est la vie.

Où il sera dit que pendant une rare heure de
sommeil éblouissant, je me suis trouvé en rêve
devant un ordinateur, un de ceux qui parlent
comme dans les films de grenouilles *made in
USA*, et une voix me livra exactement cette
énigme: j'ai vite allumé la lumière et griffonné le
message, *les informations que nous captons* (nous,
l'ordinateur) *nous disent que seuls les surveillés pro-
duisent des ressources*. Je n'ai pas compris. J'essaie
de comprendre. Le savoir-su m'ennuie. Cette
énigme me tance. Il y va d'une danse qui donne
la cadence de la décadence de ce siècle à une fin
et des famines. Ne suis-je pas né, aussi, de la lecture de *Surveiller et punir* de Foucault? «Du calme»
répète Tibère. «Stop là» ordonne Tybalt.

Le jardin est le refuge de mon été. Parfois un
avion passe dans le ciel de Montréal et je me dis
que c'est celui qui m'a conduit ici, avec Tybalt,
sphynx imperturbable dans sa cage, il y a juste

deux ans, aujourd'hui. Je ne suis pas venu pour repartir, ou conquérir, mais doucement me recueillir, attendre non pas le train de Marie-Luce, mais la station *Terminus*, comme un hôtel de passe en rêvant d'un garçon blond, imberbe, aux yeux bleus, chambre louée à l'heure, qui m'apporterait des serviettes blanches, pour la douche comme des linceuls, qui aurait la voix de mon père, le regard de ma mère. Il me dirait «le sentiment est suspect. Vous avez bien fait de ne pas vous taire». Dont acte.

Le 6 juillet.

Carnet 43

ADRIENNE, PIPOU, MA MÈRE, me disait après Cocteau, ou bien n'était-ce qu'un dicton de Gascogne mon Acadie, *ce qu'on te reproche, cultive-le.* Toutes les épreuves ont un sens, même les plus minables, les interminables minables rancunes de houppettes huppées, les ordinaires affaires que dictent les coteries et les jalousies. Voici un courrier pour tous, questions de convivialité. C'est ça un *Carnet*, un *repas* de question, jamais de *repos*. Fictions?

Le 17 juin. Cher Sevy Erravan, quel soulagement, ce samedi 15, de retrouver votre Carnet, *le numéro 39. Après la prose ignoble d'un certain «oublions-son-nom» qui, sous prétexte de faire une critique de votre livre, s'est laissé aller à décharger des tonnes de fiel, de mesquinerie, de jalousie. Grand bien lui fasse si cela le soulage, sauf qu'il aurait pu réfléchir, de la tête et, surtout, du cœur, au mal que ferait son acidité. Mais peut-être, justement, y avait-il réfléchi... je n'ose croire à une pareille délectation. J'avais donc craint de voir disparaître des pages de mon* Devoir *du samedi, ce* Carnet *qui chaque semaine pose des questions et me renvoie à mes propres doutes. Et les alimente. Vos mots fermentent entre autres parce qu'ils osent se dire de façon si personnelle. Qu'on aime ou pas. Qu'on soit d'accord ou pas. Qu'on veuille occulter l'angoisse ou pas.*

Je craignais aussi que cette attaque ne vous fasse douter de l'existence de cette convivialité qui vous a attiré au Québec. Ou plutôt ne vous fasse conclure qu'elle n'existait que dans vos rêves. De grâce, continuez de rêver si tel est le cas. Puisque nous-mêmes avons du mal à y croire, à croire en nous, Québécois, que deviendrions-nous si les rêveurs, les poètes, les écorchés, les arrivants, les immigrants cessaient de croire que nous pouvons être davantage que des clients de Woolworth, Zeller's, Kresge et autres Jean Coutu, que des avaleurs d'artifices, des brandisseurs de drapeau une heure ou deux par année, des adolescents effarés, effrayés par l'âge adulte?

Notre convivialité se mêle de jalousie, de timidité, de mesquinerie, de peur, n'en doutez pas un seul instant. Il n'y a là qu'un indice d'humanité. Mais ne doutez plus de l'existence de cette convivialité malgré les esprits noirs. Puisque nous nous sommes laissés tomber, qu'arrivera-t-il de nous, Québécois, si les nouveaux venus font de même? À samedi prochain. Aux samedis prochains. À vous lire.

Un autre message plus court, *8 juin 1991, moi, j'aime votre livre. J'y puise, selon la belle expression de Rutebeuf, «l'espérance du lendemain». Fidèlement, une lectrice.*

Au dos d'une enveloppe, celui-ci, ami de Sillery, me cite Félix-Antoine Savard, *je suis debout au bord de la nuit et de la mouvée des étoiles, béant, comme un pêcheur quand les filets veulent se rompre.*

Dans la lettre, un extrait du *Continent imaginaire* paru chez Fides, écrit par Iolande Cardain-Rossignol, *je ne crois pas qu'on puisse fabriquer de l'avenir à même des trous de mémoire.*

À la fin d'une lettre, celle-là, amie de Val-d'Or, m'écrit sa joie de Rimbaud, *d'autre part, sur le livre d'Alain Borer «Rimbaud, l'heure de la fuite» Découvertes Gallimard, je lis, page 113, «C'est avant* Une saison en enfer, *avant même le voyage à Charleville, dès 1871, que Rimbaud écrit définitivement, «je suis condamné, dès toujours, pour jamais».* Et cela parle brusquement. Ne s'agit-il pas ici d'un lieu de paroles? L'amie ajoute, *voilà pour me faire penser à cette citation de Thomas de Quincey, Profonde est la solitude de millions d'êtres, qui, avec un cœur débordant d'amour, n'ont personne pour les aimer. Profonde est la solitude de ceux qui, dans leurs chagrins secrets, n'ont personne qui les console. Profonde la solitude de ceux qui, luttant contre doutes et ténèbres, n'ont personne pour les conseiller. Mais plus profonde que la plus profonde de ces solitudes, est celle qui couvre l'enfance sous l'aile du chagrin, lui faisant entrevoir, par moments, la solitude finale qui la guette et l'attend aux portes de la mort.* Et elle achève par, *pourtant, je ne suis pas d'un naturel pessimiste et désenchanté. Je suis seulement lucide, je crois. J'aime la vie, la nature, la beauté. De tout cœur. Paule.*

Le droit de citer est droit de Cité, un devoir, y avait pas à faire tant d'histoires. Si ce *Carnet* connaît l'an II, il changera de titre. On passera de *La vie dans l'âme* à *Mon cœur en ex-voto*, un hommage à Guillaume Apollinaire s'adressant à Lou, la Lou, qui n'en valait pas la peine, la peine amoureuse, pas de réduction de peine, pas de circonstances atténuantes, rien n'atténue vraiment, jamais, assez, récurrence, classique favori, éternelle ritournelle.

Le reste du courrier ne m'a pas été transmis, ou le sera. Trop tard. Après tout, il est toujours trop tôt pour mieux faire. Voici les messages reçus, messages transmis, en partage. Voici l'été à son zénith. Il s'en vient. On verra à l'automne. Qui se fâche, je vous le demande? N'a-t-il pas été *clairement* question de convivialité? *Omnia amor,* tout est amour, c'est ma devise. Je l'ai inscrite au-dessus de la porte de la cabane du jardin. Déjà, le houblon l'a recouverte. Mais on la devine, entre les feuilles au moindre souffle de vent. J'aurais pu écrire aussi *dès toujours, pour jamais* mais, *encrapulé,* j'ai voulu y croire, la vie durant.

Michel m'écrit de Mont-Carmel de Kamouraska, *à Québec je travaille bien sûr; en fait, j'essaie de rendre mes loisirs le plus payants possible, car depuis longtemps j'ai renoncé à gagner ma vie puisque je la possède déjà. Elle est à moi. Je vis.* Merci. Encore un détail révélateur.

Le 13 juillet.

Carnet 44

FICTION n° 1, *les valises légères*. Où qu'il se trouvât, il veillait, avant son départ, à volontairement égarer les notes qu'il avait prises lors de son séjour. Il ne s'agissait pas simplement d'oublier les cahiers et feuillets numérotés, dans un tiroir de chambre d'hôtel où une femme chargée du ménage eût pu ne les considérer que comme des rebuts, mais de les placer en un lieu de possible accueil, où quelqu'une, quelqu'un, celui-ci ou celle-là, inconnus, les découvriraient et prendraient du plaisir voyeur et fécond, garderaient ces traces de passage d'un voyageur aux valises légères. Ainsi donc, comme sur la page de garde du dictionnaire de son enfance d'en France, il *semait à tout vent* et à bon escient. Sa préférence allait aux bibliothèques, souvent misérables, où sous prétexte de consulter un texte, toujours le même, *La Princesse de Clèves*, premier et dernier roman d'amour selon lui, le genre littéraire en soi à son début, son apogée et sa fin, il abandonnait ses écrits, en pile, un oubli. Une personne au moins, intriguée, les lirait et qui sait les conserverait avec la mention *anonyme* et la date: c'était là le plus grand public qu'il eût pu concevoir.

Parfois, en marge de ses textes, il mentionnait au crayon, *je dis en parlant de moi car je suis toi dans l'exploit de la vie que tu rêves de mener* ou, *âme résolue, tu es tout entière entre le i et le l de mon «il»* ou encore, *amis, vivez ici un peu de cette vie qu'un autre, comme vous, a cru vivre.* Ce n'était pas un jeu pour appeler la démarche détective, c'était un acte de foi en chaque lieu visité et, aux descriptions de la nature se mêlait le récit d'exploits amoureux et sensuels, indissociables selon lui de l'art véritablement géographique, tant de monts, tant de collines, tant d'estuaires et lisières où se nichaient les odeurs les plus singulières, les senteurs âcres, les plis, creux, cambrures. Il y avait également le mode et les circonstances des rencontres et de leurs situations, des portraits peut-être trop précis, et les mots qui avaient été les premiers échangés. Ainsi ne cherchait-il pas à créer un mode littéraire absurde mais souhaitait-il que la lectrice et le lecteur parvinssent à s'identifier pleinement, plénitude d'une jouissance, à un acteur de passage, un clochard de sa propre langue, un guetteur du ciel, digne fils d'un père aviateur, amateur de mélodies du silence, friand d'un jumeau qui lui manquait et dont il n'atteindrait jamais la conscience.

Une seule fois, il remit les textes du séjour avec les clés de sa chambre, à Stavelot, dans les Ardennes, un hôtel hanté par le passage d'Apollinaire. La caissière ne comprit pas, «c'est pour jeter?», «non, c'est pour lire, vous le lirez toujours trop tôt». Elle l'avait pris pour un fou. Il avait la tête et le cœur tapissés de papiers à fleurs mal raccordés, toujours un petit bout de déchiré, en lambeau, décollé avec l'ongle, une habitude de Sam à chaque étape en retour pour l'Inde où, le second hiver, il devait se noyer, emporté par un tourbillon. Il était allé nager trop loin. C'est tout un art de se tenir sur la rive.

L'avant-dernière fois, à l'hôpital de Denpasar, il avait laissé une feuille blanche avec pour inscription, *l'écriture devrait panser les blessures.* Sur la nappe en papier d'une *trattoria* de Vintimille, il avait écrit, *je cherche une écriture qui se penche comme une mère.* À Dublin, il avait inscrit au-dessus des latrines d'un bar louche, *ce qui est imprimé est factice.* Ses romans inachevés, ses journaux intimes, ses rubans de poèmes, tout ce qui lui avait brûlé les doigts dans l'instant, il l'avait laissé un peu partout dans le monde. Il avait des lecteurs et ne les possédait pas. Il, c'est lui.

Lui, dans son jardin, catalpa, magnolias, *ginkgo biloba,* ricins, rosiers, lys, lierres, œillets, cerisier, pelouse et chats. Au cœur de la ville. Pas loin du Nyx, du Bloc, du Sans limite, de la librairie Lemaître-Auger et de la boutique Le Spécialiste des échecs devant laquelle, humour, amour, inespoir, il s'était fait «tirer le portrait».

Sur le bras du garçon, il y avait un tatouage, *ni qu'on me force ni qu'on m'empêche.* C'était dans quel roman? Dans la vie?

Fiction n° 2, la peine gagnée. Parfois Sébastien K. le croisait au centre commercial de la Cité, au coin de Jeanne-Mance et de Prince-Arthur, blond, coiffé en brosse, cheveux rares ou cheveux fins qui se dressaient sur sa tête et lui donnaient un air de chat effarouché, la peau extrêmement blanche, yeux bleus, billes d'encre et d'horizon, derrière des petites lunettes rondes de myope cerclées d'écaille noire, cils d'or. Le jeune homme toujours l'observait. Cela gênait Sébastien K. puisqu'il avait décidé de ne plus vivre de ces histoires qui forcément se terminent en impasse quand le plaisir de rencontrer un adolescent et de lui parler ne suffisait plus. Il fallait du désir, de part et d'autre, et Sébastien K. n'avait plus l'apparence d'un partenaire. N'avait-il pas souvent, dans le passé, et ce n'était pas un jeu, écarté tel ou tel homme qu'il eût souhaité rencontrer parce que l'autre était de 20 ans ou plus son aîné, fané, marqué corporellement par le temps, l'expérience, le parcours dont il détenait désormais, trop tard, la fascinante sagesse du discours? Combien de fois avait-il lancé, *il faut être deux pour un baiser* à de plus âgés que lui? Les mois passèrent. Il y aurait un automne qui verserait brutalement à l'hiver. Deux fois sur trois, en faisant ses courses, pain, café, sucre, oranges et fruits exotiques, le jeune homme était là, et quand Sébastien K. ne le voyait pas, c'était pis encore, comme un rendez-vous manqué. Cela n'avait aucune importance. Il ne lui parlerait jamais.

Fiction n° 3, le cœur en ex-voto. Cérémonie de nous deux, La Tuque, Madame tenait à ce que je l'appelasse Madame. C'était une femme peureuse et douce, une douceur qui interdisait les pleurs, imposait rites et rigueurs. Elle ne se plaignait jamais, pas même en silence. On eût pu la croire rude et revêche si elle n'avait pas eu un sens précis du geste de salutation aux voisins et commerçants de la ville, un tact qui ne laissait planer aucun doute dans son regard, aucune certitude dans sa voix, elle était avenante, tout entière à l'emploi amoureux d'un fiasco de la Seconde Guerre, un certain lieutenant John Elliott Sutherland qui n'avait pas tenu ses promesses. Elle demeurait là, au seuil d'une vie dont elle avait caressé l'espoir, j'étais l'enfant qu'elle aurait voulu avoir de John Elliott. À La Tuque, jamais on ne lui posa de question à mon sujet. J'étais le fils le plus naturel du monde. Dans l'austère maison de la rue Saint-Côme, aussi sévère de l'extérieur qu'harmonieuse à l'intérieur, nous avons vécu 16 ans ensemble. Elle me disait, *n'écoute pas les professeurs, ne réponds à des questions que par des questions.* Le soir, je lui faisais la lecture. J'avais le droit de tout lire si c'était pour nous deux. Le dimanche, je l'accompagnais à la messe. J'avais une couverture de missel et fourguais dedans les textes lus la veille que je relisais pendant l'office. Apollinaire, poème à Lou, j'apprenais pour toujours *j'ai bien cru prendre toute ta beauté, et je n'ai eu que ton corps, le corps hélas n'a pas l'éternité* et ma devise *je donne à mon espoir, mon cœur en* ex-voto. Madame était fière de moi.

Madame n'existe pas. Il n'y a pas de rue Saint-Côme à La Tuque. Le Côme-Cosimo en question avait un frère jumeau. Comment s'appelait-il, déjà? Rue Sainte-Catherine Est, l'été bat son plein. Un matin, j'ai croisé Roch. Je n'ai pas osé lui parler. Comment va David? *Ce qui est imprimé est factice.* C'est de Henri Martin.

Le 20 juillet.

Carnet 45

Tibère dort à l'ombre du catalpa, les pattes en avant, digne Patavan, dans l'herbe fraîchement tondue. *L'odeur de l'herbe,* hommage à Bory, Jean-Louis, mort d'une balle dans le cœur, l'enivre. Tybalt, lui, a passé la nuit dehors. Il dort dedans, sur mon lit, de son côté, bien en rond, plus Patapoum que jamais. Qui donc a pris ma place et a écrit le texte qui suit? Un autre Abel Klein que celui du *Carnet 41* (Wayne Dixon se porte très bien, merci), un certain Sébastien K., un dénommé Sevy Erravan ou le secret écrivain Henri Martin dont on parlera un jour, très fort?

Un rêve: les gants. Quand le sommeil est profond, quand la chaleur de la couette enveloppe, quand on est encore en rêve l'adolescent que l'on n'est d'âge plus, l'enfant que l'on ne cesse de devenir, capable d'erreurs et d'émerveillements, quand il vente dehors, quand on écrit l'hiver en été, l'été en hiver, quand on est toujours en avance de deux saisons en enfer, quand la neige fond sous une pluie abrupte et met à nu la croûte de glace des trottoirs si c'est l'hiver, ou quand l'orage tonne et éclate sur le plateau au-dessus de la ville si c'est l'été, quand les feuilles se lèvent en tourbillons dans la nuit comme des gratte-ciel, le grand balayage des quatre saisons, quand la nuit se fait plus douce pour les bourgeons des parcs et que le fleuve semble se précipiter vers l'océan, quand le temps n'a plus d'importance parce que l'on dort, quand le sommeil vrille et fait plonger, alors les rêves n'appartiennent plus au quotidien mais à la vie vraie, posent des questions qui n'appellent pas de réponses, des questions qui sont une réponse en soi. Qu'a-t-on voulu me «faire dire», je ne le dirai pas.

Quand le sommeil est profond, quand je me recroqueville sur l'oreiller, dans la poche du lit, sac des songes, quand l'ultime strate est atteinte, voyage au centre de soi-même, et que l'on gît entre les draps, ces voiles, et que l'on vogue sans fanal dans la nuit, alors le bar ouvre ses portes, le bar Nyx avec son comptoir, son billard, son feu de cheminée et sa lumière bleutée. Les garçons y ont les bras nus, fins duvets, tricots de peau immaculés. Ils sourient, mais à qui, et comment croiser leurs regards? Tu ne peux même plus te souvenir que tu fus l'un d'entre eux, un verre de bière à la main pour la contenance. Et on te laisse encore entrer? Ton frère est là, celui que tu as trop attendu, et le train est passé, le frère jumeau et tu reviens à l'assaut? Quand on devient le mineur de fond de son propre rêve, qu'une fatigue de vouloir plus pleinement vivre vous entraîne comme un poids et vous noie, là où l'on n'entend plus la rumeur des villes qui dorment, quand tout chavire et que d'un trait, lesté de rude

inquiétude, on se retrouve tout droit dans les
hauts-fonds, quand on ne reste plus à faire la
planche, en surface, surveillant le ciel de la nuit,
lisant les obscures cartes du monde d'un plafond
gris, tirant sur soi le drap du dessus pour ne pas
avoir froid à l'épaule ou caressant la couette pour
qu'elle vous colle à la peau, frissons, chaleurs ou
froidures, quand tout d'un coup le corps rejoint
la poche première, bouffée d'adolescence, le bar
est interdit, la police menace, toutes choses oubliées
depuis, le parfum capiteux d'un été, saison unique,
autorise les bras nus, les cheveux fous, les culs
moulés sous de fins cotons, le jean délavé, toile
d'araignée, dans les coins certains s'échangent des
baisers qui dérapent de la bouche jusqu'au cou
remontant au lobe de l'oreille que l'on mordille.

Quand on sent qu'enfin pour une fois, la
plongée permet la rencontre avec le frère, quand
on sait que les rêves fabriquent des produits infi-
nis, ceux-là mêmes que l'on ne peut pas accepter,
textes de la nuit, alors le frère souhaité, le frère de
même poche et de même eau, le jumeau disparu,
celui que l'on accuse de narcissisme, mot piétiné
par la foule de celles et ceux qui subissent la ridicule dictée du ne-surtout-pas-être-ce-que-l'on-
naît, apparaît, il est plus beau que tous les autres
réunis, un déhanchement le distingue, un regard
le désigne, une fougue le rend singulier, comment s'approcher le plus près possible de lui,
c'est lui, l'unique objet d'une perpétuité.

Quand le sommeil chavire du rêve, quand la
ville commence à vrombir du côté de Sherbrooke

ou de l'avenue du Parc, camions de livraisons, hommes d'affaires matinaux, il y a rendez-vous au bar Nyx, dernier sous-sol, le frère est là, torse nu, pantalon de lin blanc, ceinture noire, il arrive des dunes, le sel de la mer a laissé quelques traces sur le duvet au-dessus de ses lèvres, le long de ses bras, fines stries sur son buste et les tétons bruns, ponctuation, taches plus sombres sur la peau hâlée, on a envie de le lécher pour goûter le sel et le vent, était-il seul au rite de la baignade?

Au bar Nyx, on ne fait que se frôler, se regarder, une parole, une seule, et la projection serait interrompue, pour un mot on deviendrait jaloux, «d'où viens-tu?», «avec qui étais-tu?», «m'emmèneras-tu un jour?» Voilà qu'il faut se méfier: au bout de ses bras nus, veines à fleur de peau, le frère attendu a des gants de cuir hérissés de clous, fines pointes et gare à celui qui approche.

Combien de fois, au retour de ce rêve, ai-je vérifié si je n'étais pas blessé, si les draps n'étaient pas maculés de sang, comme des biffures? Combien de fois me suis-je retrouvé avec d'inexplicables blessures à la main, comme des griffures de chat, le sang perlait, le matin? Ces blessures-là mettaient longtemps à cicatriser.

Quand le sommeil est profond, quand je ne me surveille plus en train de dormir, j'atteins le tréfonds, bar Nyx. Il neige dehors. Ou le ciel est dégagé, le soleil se lève, la journée sera belle, même si en été, déjà, les jours raccourcissent. Mon frère rentre de la plage. Cette nuit, il m'a blessé, ou bien me suis-je déchiré le ventre, je le

cherchais en moi, je le porte, je porte un géant de
20 ans dont je ne connais pas le timbre de la voix.
Je lui dis «retire tes gants, s'il te plaît». Il sourit.
Le rêve s'achève. J'écris ceci en mémoire de
Richard, Bernard, Martin, Arthur, Samuel, Chris-
tian, Cosimo, Ahmed, Claude-Henri dit Papou,
Lammert, Helmut, Sélimane, José, Boris, Steve,
Antonio, Don, David, Frank, Vladimir & Ravil,
Misaël, Gilles, Virgil, et tant d'autres venus, à
venir.

Fin, toujours la suite, jamais la fin. Un
condamné à écrire ne s'échappe pas. Quand je me
suis, il y aurait sept ans en novembre, retrouvé
paralysé, sans plus pouvoir marcher, écrire, parler, je n'ai eu aucun courage à m'en «sortir»: je
n'avais pas le choix. Le pire, maintenant, c'est
que ça ne paraît pas tellement. Or, on vous juge
au paraître. Combien de fois faudra-t-il que
j'écrive, *gare à celle ou celui qui dit je sans jouer*?

Je voudrais bien revoir Yves Jacques dans *Les
Feluettes*; Richard Desjardins au Club Soda; Louis
Lortie à Wilfrid-Pelletier; *Les Reines* de Normand
Chaurette avec de l'espace au-dessus et en des-
sous; les tableaux de Fabrizio Perozzi chez
Michel Tétreault; René-Richard Cyr et «la» Guil-
bault au Quat'Sous; Claudel et Thomas Bernhard,
Café de la Place; etc. Montréal, comme le houblon
de la cabane de mon jardin, grandit à vue d'œil.
Question de culte.

Le 27 juillet.

Carnet 46

ON NE SAIT PLUS qui écrit *mais*, le *beau-mais*, pas-chagrin-du-tout, on sent que c'est pour les autres, pour soi, pour chacune et chacun, au secret des geôles respectives. Toute la vie, c'est comme à l'école, il y a toujours quelqu'un pour donner l'alerte, *attention, v'là le censeur qui passe!*

On ne sait plus qui écrit *mais*, le *beau-mais*, plus-mesquin-du-tout, on sait que le texte est *ivre de vivre.*

On se souvient du *Nietzsche* de Heidegger, *passion: la façon clairvoyante de rassembler et de s'agripper.* Les mots sont plus forts que la mort. Y a-t-il une vie avant la mort? On s'agrippe, on se recueille, on rassemble, on fait le point. La première des passions est solitaire. Puis solidaire. Puis perdue, cause perdue, même si c'est à qui perd gagne.

Suzanne me livre la confidence d'une amie égyptienne, *au Québec, vous ouvrez grands les bras et vous oubliez de les refermer.* Tant pis pour celles et ceux qui liront ici un reproche. L'image est prégnante. C'est un témoignage.

Une autre Suzanne, elles sont si nombreuses en cette année Mozart, m'écrit, *où ai-je lu, «l'étreinte est peut-être la dernière prière qui nous reste*»? Sur le papier à lettres, une inscription plus banale est imprimée, *quand j'ai raison, personne ne s'en souvient et quand j'ai tort personne ne l'oublie.* Ainsi le *Carnet* va et vient, bribes et vrac, des impressions, tout lui appartient du moment que *ça parle,* même quand il est question de *raison* et de *tort,* de *bons* et de *méchants,* de *bien* et de *mal,* tout ce qui, cicatrice d'une morale dite ouverte, tranche et trie encore.

À la radio on vient de dire, *le plus grand ennemi de la sécurité c'est l'habitude.* Faut croire que les agents de la sécurité ont l'habitude de recevoir 20, 50, 100 coups de téléphone pour signaler telle ou telle *piquerie* de quartier, 24 heures sur 24, ça défile les paumées et paumés de la paumerie, les craquées et craqués de la craquerie. On sort de chez soi, on met le pied sur une seringue pleine de sang, on ramasse des petits cotons maculés, on croise des gens pressés, très pressés, en avance d'un précipice. Puis on a peur. Autant de peurs que de voisins, tombent les masques de chacune et de chacun. Jusqu'au jour où la police s'en vient, nettoie, barricade, pose des scellés. On ferme ici, ça rouvre là. C'est l'ivresse des grandes villes. Un vertige de plus quand on voit ça de près. Alors, on fait semblant de ne pas voir. «Comment va le monde monsieur Quelqu'un?» «Il va mal madame Lavie, il savait trop où il allait et puis il ne sait plus rien du tout.» Après un silence, on précise «il avait tout prévu sauf le prévisible». «Vous vous moquez de moi?» «Même pas.» «Alors je ne comprends pas!» «Faut plus chercher à comprendre.» «Vous vous égarez.» «Non, je cherche la direction.»

Une *piquerie*, ça donne la fièvre à un quartier, ça fait valser les trottoirs, ça vous fait vivre dans un ballet d'automates. Et telle amie de rire et de citer Baudelaire. Le problème c'est qu'ils ou elles ne cherchent plus de *paradis artificiels* mais des *enfers d'artifices*. Faut-il donc que la chute soit encore plus dure? Tibère de Rachel Est me dit, «t'aurais mieux fait de te taire». Quel rôle a celle-ci ou celui-ci qui ont encore un brin de liberté et un petit territoire comme celui de ce *Carnet* où ne surtout pas se terrer? Faut le dire, crier et rire: écrire.

Question niaiseuse n° 1, «combien de poissons va-t-on encore noyer dans le lac Meech?»

Question niaiseuse n° 2, «que fait monsieur Keith Spicer en ce moment? Se repose-t-il sous des cocotiers en sirotant un coquetel de jus de fruits? Fier de lui? A-t-il lu, au sujet de son *Forum*, un certain éditorial, *les apôtres de l'amour fini*, sous-titre, *une faillite qui ajoutera au cynisme ambiant*»?

Le cynisme, hélas, se porte bien, partout dans le monde. Encore faudrait-il le redéfinir, celui-là, qui en principe tarabuste les morales établies, les normes, le conforme. Le cynisme s'est vicié, vice de forme, et balaie désormais ce qui reste de pur et dur, le pur et dur moral que nous avions avant Meech, le lac des poissons crevés et des couleuvres qu'on va nous faire avaler, quand

nous pensions encore, après tant et tant de coura-
geuses et de valeureux, tant d'efforts et d'ardeur,
que le Québec serait Québec et ses immigrants
reçus des Québécois de fière adoption. Mais,
depuis deux ans, tous les coups bas sont bons, et
les commissions d'une démocratie des illusions
(pléonasme?) se multiplient à grands frais, presque
de la frayeur. On sent un Mulroney, plus *ghost*
que jamais, prêt à prendre le monde entier à
témoin et chaque visiteur étranger d'y aller de
son petit discours mexicain, mandelien, etc. Tout
est bon pour que le travail de sape, comme celui
de Grande-Baleine, se fasse ni vu ni connu, à la
furtive. Rien ne sert plus de dénoncer ou
d'annoncer, quand l'exercice du confort, la peur
du manque à gagner, l'obsession de la récession,
rongent le plus substantifique, le magnifique
d'un rêve indépendant: habiter sa langue.

Et les Français de la langue seront à maudire
une seconde fois. Leur attentisme, leur silence au
sujet du désir d'indépendance sont une damna-
tion en soi. Cynisme et mépris vont de front. Le
Québec doit exister parole de Gascon floué qui
sait à quel point les gens de pouvoir donnent
dans le flou quand ils abandonnent. Trop de causes similaires ont fait jour de par le monde aussi.
La Confédération helvétique va finir par passer
pour un modèle d'avant-garde. Tybalt me glisse à
l'oreille «là aussi, t'aurais mieux fait de te taire».
Les chats ont d'insolentes presciences.

Erratum: Wayne Dixon du *Carnet 41*, celui
qui a perdu un rein à New-Bush-City, me fait

savoir que son nom s'écrit en fait Dickson et qu'il est d'origine irlandaise. C'était une histoire vraie. Ces histoires-là n'arrivent que dans la vie, la rue. L'autre ballet de la fin.

Il y a deux semaines, un journal de la métropole titrait, *finie la déprime, le rire prend la rue.* Quelle déprime? La capacité de poser des questions, le rappel à l'ordre du rêve, le constat du quotidien, de ses *Forums, commissions* et *seringues usagées*? Et quel rire? Celui qui ricane, abolit, efface? Ou celui qui finement sourit, mesure la distance, l'effort, le rire du franchir-malgré-tout?

Les magnolias, cette année, ont fleuri deux fois. Il en sera de même, paraît-il, pour les lilas. Il est six heures du matin, ce matin, le soleil est encore loin, les jours raccourcissent, j'ai quitté le lit car j'avais peur de tomber de droite, de gauche, dans des *ravins*. Faut tenir le cap.

Gilles a écrit sur une pancarte, dans sa cuisine, cette pensée de Bertolt Brecht, *on peut tirer une très grande force de peu de moyens si on réfléchit vraiment sur les moyens et la manière de les utiliser.* Chacune, chacun, va et instruit sa vie comme elle ou il peut. Gilles cherche du travail. Il ne veut pas s'installer dans le B.S. Tout de bon pour lui. À méditer. Il y a 20 ans (l'âge de Gilles) un éditeur m'éditait, enfin! Vingt ans plus tard, je cherche aussi du boulot. Contre toute attente tenir, écrire contre toute attente.

Le 3 août.

Carnet 47

ONC, DANS LE BRANDEBOURG, canton de Potsdam, il y a projet de création d'un supermarché à Ravensbrück. «Ça se peut?» «Ben, oui.» L'histoire désormais se griffonne, illisible, indécryptable, avec de ces pertes de mémoire qui écœurent. Écœuré, définition: avoir le cœur arraché.

Maudits soient celles et ceux qui ont le pouvoir ou l'habileté d'oublier. Encore plus maudits soient celles et ceux qui ont l'arrogance de penser qu'il n'y a pas là matière à oubli. Piétiner ainsi le passé est un acte d'inculture et d'inamour. Le présent, aussi, au quotidien des nouvelles du monde et du pays, ne donne que des occasions sans cesse démultipliées de désespérer de ce que l'on eût pu qualifier d'humain si celui-ci était encore de mise. Au coin de la rue Napoléon (à quand la rue Adolf & Co.?) et de Saint-Laurent, il y a cette inscription murale, en lettres capitales, *non au racisme, non à la politique*. La peinture est fraîche, pas de points d'exclamation. Récurrence: *ils ne font pas l'exclamation*. Ou plus du tout. C'est de qui? Nous voici à piétiner le passé et le présent comme le futur. Le pays, ici, eût pu devenir un modèle mondial de politique de l'environnement. Qui me disait en 1982, quelques semaines avant sa mort, après avoir été, une vie durant, un des grands «du pétrole», que les superpétroliers de 200 000 tonnes et plus, désarmés, devenus inutiles, après 1974, gardiennés dans des fjords de Norvège, serviraient un jour à transporter de l'eau, «l'or pur de l'an 2000» disait-il? Quelle était la plus grande réserve d'eau du monde, je vous le demande, l'eau des plus grandes forêts, de la plus belle faune et de la plus vive flore? Est-ce là rêvasser sur ce qui eût pu devenir la force de ce pays si, si, si comme partout ailleurs, la nature n'avait pas été marchandée. Par qui? Pourquoi? Les politiciens de tous les étendards et de toutes les idéologies ont, depuis Yalta-Hiroshima, exploité aveuglément, cupidement, sottement, abusivement la nature. Voilà le temps venu du retour de bâton. Est-ce là trop penser, trop dire, trop s'inquiéter? L'été ne porte pas conseil, ou trop, temps des passions à un zénith.

Alors, on se réfugie au jardin, pour chasser les mauvaises herbes, caresser du regard les arbres et les plantes, se dire que les vacances aux îles de la Madeleine, c'est pour l'an prochain et des jours de moins grande récession: l'insouciance va de front avec la conscience.

Alors, l'été bat son plein. L'air vire brusquement. Il a un goût différent. Un zeste de froidure le fait vibrer au respir. Il crie garde. Il ne faut pas tarder à se caparaçonner. Il faut faire des réserves de meilleure humeur alerte, aller voir Germain

Houde et Sylvie Drapeau, toute la troupe en fait, dans *Les Palmes de M. Schutz,* une comédie (mais oui, ça se peut) sur Pierre et Marie Curie, qui part en tournée dans le pays. Il n'y a pas que Montréal pour s'offrir le privilège d'un spectacle réussi, à mi-chemin entre Labiche et le théâtre de boulevard quand les portes claquent. Le sujet pourtant en est grave dans sa finalité. De là peut-être un rire à la fois simple et à double tranchant. Le public ne s'y trompe pas. C'est inclassable, réjouissant. On passe un beau et bon moment. Il ne faut pas bouder un certain ravissement dans l'instant, question de caparaçon. Tout comme il faut se réjouir de la venue du Nouveau Théâtre de poche de Genève au nouvellement baptisé théâtre Jean-Duceppe de l'irrésistible acteur Jacques Denis qui à son tour s'est approprié (régal?) *Le Neveu de Rameau* de Diderot. Du 13 au 17 août à 20 h. Qu'on se le dise, question de verve. Et si je rame à petits coups secs, pour traverser plus sûrement la semaine, c'est que j'ai peur du fond de l'air, du cache-col de l'automne, du poignard de l'hiver et des excès de cet été déjà sur la pente douce alors que les proches, comme le monde entier, me posent mille et une questions qui ne sont plus vraiment des contes.

Un autre dire de Jean Cocteau, *toute brouille est un échec*: je ne veux pas y croire. Un petit hommage à Gilles Archambault qui est là chaque soir sur 100,7 FM, avant Myra, la Reine de la nuit, celle qui m'embarque pour un Cythère devenu le si-tard de ma vie, *le jazz, c'est un peu comme un arbre qui essaie de pousser dans un trottoir.* Gilles et Myra me bordent chaque soir. Il y a un enfant, en moi, qui attendra toujours que l'on se penche. Et eux deux sont là, pour combien d'entre nous? La culture se tient dans ces lieux de paroles et c'est ouvert la nuit. Quel compositeur disait, *je voudrais être un musicien qui entende le silence vivant*? Grâce à eux deux, je demeure à l'écoute.

Ça vient, ça va dans tous les sens et (pas *mais*) traversée il y aura. Qui a écrit, *voilà, l'hiver est encore loin, et puisqu'il reste de bons gardiens de phares, c'est qu'il y a encore de la lumière*? Simple dire, comme le bonjour des simples, merci. Qui a écrit, *il a une fenêtre en guise de mer, une porte en guise de port, et sous les pieds du lit des îles…* Simple chant, le salut de l'amitié, merci. Qui a écrit page 291 d'un livre, *je suis arrivé à ce point où, toutes les vanités déblayées, il ne me reste plus que l'effort*; et page 142 d'un autre livre, *je frémis à l'idée de ne plus pouvoir achever l'œuvre des cahiers de ma vie*? Il y croyait donc, celui-là, à l'urgence des mots, des maux et à quel prix? Il n'est jamais trop tôt pour inaugurer.

Sur les murs de Bucarest, un slogan fleurit, *drep tate, ochii plînsi, cer sa te vada, justice; les yeux qui ont pleuré veulent te voir.* Les communistes, leur nomenklatura et surtout leur police, la tristement trop célèbre *Securitate*, ont conservé leur emprise. Il faut déchanter. Il faudrait Shakespeare pour écrire la chute des époux Ceausescu et la tragédie d'une révolution qui, de jour en jour, s'avère n'être qu'une manipulation de plus, une autre perversité de l'Histoire, bien menée par un bloc communiste expirant, utilisant les médias et les naïves et naïfs qui, comme moi, ont l'humain à la bouche et à la souche. Occupe-toi de ton jardin, ne pense plus à ces faits-là.

Montréal a été bien courtoise, *ben correcte*, avec l'Arabie Saoudite: on se pressait au Palais des congrès pour voir quoi? Des reconstitutions en carton-pâte, un fauteuil de la *Saudi Airlines*, des photos de zones industrielles, une maquette de la Mecque, mais de ferveur point, et pas d'Allah. On avait importé le sable des natures mortes, à quoi bon? C'était toc et fric. Pas d'âme. Rien. C'était on ne peut plus vain et vide. Qu'a-t-on fait du sable en question? L'ont-ils donné au Jardin botanique?

Au Musée des beaux-arts il fait bon se promener dans les années 20. L'utopie (décadente?) est plus d'avant-garde que jamais, et le portrait de René Crevel par J.-E. Blanche d'une nostalgie qui confine à la joie. Sans parler des Otto Dix, des Hopper, des Kandinsky. Sommes-nous passés à côté de notre siècle?

Le 10 août.

Carnet 48

QUI ÉCRIT, *nous sommes de la même eau et du même limon*? Qui cite Jean Tardieu s'adressant à Vercors, *bientôt nous te rejoindrons dans le passage sans fin de l'éphémère*? Qui a glissé sous la porte, là où le vent soufflera en hiver si je ne calfeutre pas, *fragile est le cœur de mon ami. Précieux et rare il peut se briser mais il aura toujours le dernier mot car il a le pouvoir de faire battre d'autres cœurs plus vite*? Signature illisible. Qui, à propos de l'exposition sur l'Arabie Saoudite, et de son sable importé à prix d'or noir, me rappelle au bon souvenir de cette pensée de Nietzsche, *pour qu'un sanctuaire disparaisse, il faut qu'un nouveau sanctuaire apparaisse*? À la radio, on parle de la devise de Mallarmé, *aucune certitude*. Qui me parle, après Michel Leiris, de l'écriture comme d'une *possession primitive* et me rappelle qu'il a renoncé au métier de poète, *parce que les mots ne font que des phrases*? En roulant vers Charlevoix, j'ai vu des champs de luzerne et des champs d'avoine à vous redonner le souffle des mots, quand bien même ils ne feraient que des phrases.

De tel éditeur milanais qui me doit quelques piastres de droits d'auteur, Émanuel l'ami de toujours, l'ami de longtemps et de demain, me dit en italien, *si fa negare, quello stronzo;* comment traduire, *il se fait nier, renier, rogner, gommer cet insensé, ce fou, ce malin?* Ou bien était-ce au sujet de l'éditeur de Paris-la-Rusée qui ne me répond jamais au téléphone et me fait ainsi jouer le rôle de l'enfant capricieux, à mon esprit défendant? Et entre l'éditeur qui *a* son auteur, ne lui donne que des aumônes et un public qui prête au même auteur des fortunes qu'il n'a pas, c'est cher et chair payer la publication, la prétendue et prétentieuse notoriété. À ce rendez-vous de tous les malentendus, pour tous les artisans et artistes de toutes les disciplines, il y a aussi la sacro-sainte critique qui encense de la même manière qu'elle crachote. «Ça n'a plus d'allure, c'est pas correct, ça n'a plus de sens», mais (un vrai *mais écœuré*) je l'écris comme un orage d'été éclaterait sur le texte d'une semaine, sans crier gare, sans prévenir. Tant mieux, ça arrose le jardin.

Fiction ou rêve je-ne-sais-plus-combien, *un rêve, le concert de la septième île.* C'était enfin lui, le jumeau du Nyx, mains nues, buste nu, dans une foule d'Orient, la fin d'un matin, midi allait faire trembler le ciel et le blanchissait de brumes, un éblouissement. C'était dans un marché, un souk. L'air embaumait les épices. De hautes murailles de terre brune et cuirassée par le soleil ne jetaient aucune ombre. Les femmes se coiffaient de larges paniers pour se faire de l'ombrage, les enfants se serraient dans leurs jupes. Certains hommes portaient un turban, d'autres un casque de paille tressée ou un calot de coton blanc. Nos têtes nues nous désignaient. Pourtant, les gens de cette grande place du cœur d'une ville lointaine ne faisaient pas attention à notre présence, lui, enfin lui, le jumeau, et moi, seul. Sans même m'avoir touché, simple hochement de tête, «c'est toi pti frère», regard enjoué, il m'avait ordonné de le suivre jusqu'au fleuve, «de là nous irons à mon île, la septième du delta, notre mère y donne un concert ce soir». Les rêves sont malins, les rues deviennent dédales, on se heurte à l'un, on bouscule l'autre, on ne veut pas perdre de vue le frère qui va trop vite et on se retrouve égaré. Des escaliers descendent vers le port. Il y a par terre des hommes morts de faim que l'on enjambe et des femmes voilées de noir qui mendient en donnant le sein à un bébé. Une fraîcheur monte du fleuve. Ma tête n'éclatera pas au soleil. Je ne dois pas manquer ce départ. «Il» m'a reconnu. «Il» m'a dit de le suivre. C'est «lui». Sur le quai, je vais d'un embarcadère à l'autre. Chaque ponton croule de monde, de fardeaux et de baluchons. Je voudrais pouvoir l'appeler, dire son nom et je ne peux crier que «c'est moi, attends-moi». Ma voix est couverte par la rumeur de la foule, un écho descend des remparts de la haute ville comme un parfum masqué, entêtant. Qui pourrait m'entendre? Je suis perdu. Je me perds dans mes rêves comme dans la vie. On me fait constamment changer de direction. À la hauteur du dernier embarcadère, Marie-Josèphe, la fille de notre voisin de La Tuque dont Madame disait «elle est si vilaine, avec ses sabots quétaines, qu'elle ne pourra épouser qu'un notaire», me dit qu'elle a les billets, qu'elle aussi va au concert, et nous nous retrouvons assis au premier rang d'un avion, dans une cabine vitrée, comme dans un bombardier. L'avion est bondé. Il décolle. Je vois le fleuve, ses bateaux, le delta et les sept îles, puis bientôt la mer, rien que la mer. Je veux que l'on s'arrête, je veux sauter. Je crois même que je dis l'absurde, «je nagerai». Je me réveille, je me lève, je vais à la cuisine me préparer une boisson fraîche. Il est six heures du matin. Je ne suis jamais allé aux îles Laquedives, au large de Goa. Montréal s'éveille sourdement. Les pneus des voitures crissent. C'est le petit matin de la nuit. À la radio ils annoncent 60 % de risque de précipitations.

Carnet: courrier, une lettre de Québec. Un petit article est soigneusement découpé, titré, *La taille du problème*, texte, *la masse totale de dioxine rejetée annuellement par l'ensemble des papeteries du Canada est l'équivalent... d'un cube de sucre. La norme imposée aux papeteries pour le rejet de dioxine dans l'environnement est d'une partie par trillion, une proportion comparable à une seconde tous les 32 000 ans.* En commentaire, il est précisé 1) que ce sucre pèse trois grammes; 2) que la dose fatale pour un humain de poids moyen est de 0,0006 mg/kg, soit 0,0420 mg de dioxine; 3) que le sucre en question peut tuer (faire la division) 71 428 êtres humains. C'est écolo, ça?

Le recours à la fiction comme un au secours. Titre, *Le retour de Martin T.* Texte: à revoir quelqu'un

que l'on a cru aimer on ne peut que sentir la terre
se dérober, se mettre à l'évidence du mirage, on
ne veut plus vivre ça, l'un a payé l'autre, finalement, et l'autre a fait semblant de se réjouir et de
jouir. On se demande comment il a pu vous tenir
en captivité tant de temps, un jour, un mois, un
an, une vie durant, c'est toujours une durée,
jusqu'au moment où, sur le vif, l'un a dit à
l'autre, «j'ai déjà donné». Martin T. était là, bou-
cles blondes, boudeur jusque dans le sourire, plus
alarmant que jamais. Il portait la chemise rouge
qu'Abel lui avait offerte. Il était assis dans le fauteuil et Abel plus haut que lui, sur la chaise,
devant son bureau, était interdit, incapable de
dire un mot. Ainsi donc, Martin T. n'avait vécu
que la moitié de sa vie et lui, Abel, tombait de la
face nord de ses rêves, l'inviolée. Nul n'aurait
donc jamais pu arriver en haut, y planter la chemise rouge en guise de drapeau. Martin T. dit
«j'ai trouvé du travail, je fais des chapeaux». Abel
ne savait pas quoi répondre. Martin T. poursuivit
«j'ai fait des centaines de chapeaux depuis que je
ne te vois plus. Toujours les mêmes, ceux qui se
vendent». Abel murmura «moi, j'écris toujours le
même texte. Surtout si ce n'est pas le même. Seulement voilà, je dis tout tout de suite». Comme
Martin T. baissait les yeux, Abel l'observa. Comment avait-il pu lécher Martin T. comme une
chienne lèche son chiot. Le soleil bascula derrière
le mont Royal, une ambulance passa rue Jeanne-
Mance, un silence s'installa, Abel fermait les yeux
de vertige. Il ne sait plus ce que Martin T. a dit

après. Il parlait de sa vie, d'un garçon qu'il avait rencontré et quitté déjà, d'un chalet loué où toute sa famille s'était réunie pour les fêtes de la Saint-Jean-Baptiste, d'un autre emploi de téléphoniste à Bell Canada, puis rien, plus rien. Il parlait dans le vide. Abel se souvenait à grand-peine des beaux jours partagés. Martin T. est parti en disant «je reviendrai». Ou bien était-ce «nous nous reverrons»? Il a toujours fermé les yeux quand Abel l'embrassait. Si Abel ferme les yeux en pensant à lui il ne voit rien. Il ouvre les yeux, il écrit, il poursuit. Sa lignée a fini par produire un être pour rien. Abel ne s'est même pas représenté en Martin T.

«T'as compris?» demande Tibère de Rachel Est. «Faut pas comprendre», répond Tybalt.

Le 17 août.

Carnet 49

FICTION, CONTE D'HIVER. Misaël avait retrouvé sa maison et ses chats avec vertige et délice. Il se sentait désormais seul et sauf, à genoux, au pied de l'autel de la mort, non par dévotion, tant toutes religions autres que celles du désir et de la trace ne lui avaient guère inspiré de morales et de comportements. Le jardin sommeillait sous un bon mètre de neige. Le sentiment d'être abandonné, moqué même par celles et ceux qui l'admiraient, l'accablait, le fortifiait. À peine pouvait-il écrire ces lignes. Où avait-il lu, *la gloire c'est le soleil des morts*, ou *la vie de chaque homme est une défaite acceptée*, et encore *reconstruire un peu de cette beauté contre laquelle on s'acharne?* Balzac, Yourcenar, Debussy, c'est dans l'éparpillement et son risque qu'il trouverait voix et voie. La page suivante serait, peut-être, enfin, la page clamante.

Dans l'avion du retour du Mexique, il avait eu pour voisine une vieille demoiselle, petite, menue, au visage squelettique, on ne lui voyait plus que les yeux, les os et les dents, elle souriait sous un canotier à fleurs, heureuse, bronzée comme un pruneau, plissée, ridée, attentive aux allers et venues des hôtesses de l'air, gourmande devant son plateau, ne laissant rien, ni une miette ni une goutte de vin, demandant même avec ravissement, au passage, qu'on lui donne le fond d'une bouteille. Misaël l'avait observée pendant les trois premières heures de vol, enfant octogénaire et ce voyage elle le faisait régulièrement, et y mettait pour sûr, à son regard et à son émerveillement, toutes ses économies. Elle restait droite et ne s'abandonnait pas à la courbe du fauteuil, c'était une habituée des chaises de cuisine, pauvre et riche à la fois.

D'heures en heures, Misaël s'était senti touché par cette vieille, puis regardé par elle. On lui avait donné un magazine, *Châtelaine*. À peine l'avait-elle feuilleté, puis rangé dans le fourre-tout qu'elle calait derrière ses jambes que, tout de go, sur un ton enjoué et de confidence, elle avait dit à Misaël, «je vis seule, je n'aime pas les revues, je les garde pour les chats, je ne m'occupe que de chats. Et vous?» Misaël parla de Patapoum et de Patavan et du *cat-sitter* qui était venu s'occuper d'eux pendant 15 jours. La demoiselle avait ri de bon cœur, «quoi, vous payez quelqu'un pour leur tenir compagnie? Moi je le ferais pour rien. Faut dire que vos chats ont une maison et les miens n'en ont pas». Elle lui conta qu'avec une autre amie, elles se partageaient la tâche d'aller nourrir les chats de l'île Sainte-Hélène, «pas tous, mais quelques-uns» un jour l'une, le lendemain l'autre. «Le métro qui va à Longueuil s'arrête dans l'île. Au sortir, en longeant le mur à droite, en contrebas, il y a un trou, comme un cube. Cannelle, Léonnée, Moustache et Laurie attendent. Ils guettent la sortie. Il me faut deux heures pour y aller. À midi juste, je suis là, ils sont là. J'ai les journaux pour dresser la table devant le trou. Et je leur sers le repas. Ils ne s'approchent que lorsque je recule. Mais les voir suffit. Plus loin, sous les lauriers, nous avons fabriqué des cabanes en carton pour Gigi, Toffie, Félix, Yuky, Bobby et Yoz. Second repas. Puis il y a dans un coin de mur du théâtre de l'Humour, Bouzou, l'ermite. Il doit bien avoir 10 ans. Pas très aimable. Il nous souffle dessus. C'est son bonjour. Nous venons le nourrir, c'est normal. Pourquoi toujours attendre le merci? Après, au pavillon de Corée c'est Whiskas, le mari de Gigi, et ses trois fils, Spiro, Nicky et Oscar. Le qua- trième Zoulou est mort écrasé par une voiture le soir de la Saint-Jean-Baptiste du lac Meech. Whis- kas est le seul qui accepte qu'on lui gratouille la tête. Et encore, pas longtemps. Après, il y a Pou- pouce en face du théâtre des Civilisations. Par- fois, je me dis qu'elle est demoiselle comme moi, tout dans le regard, toujours à l'écart. Enfin, au théâtre des Lilas, dans une de ces loges qui ne serviront que l'été prochain (NDLR, en ce moment) il y a Zoopie, Melda, Marine et Crack, mais vous notez tout?» «Oui, je veux me le rap- peler.» «Vous êtes journaliste?»

Il y eut un silence, ses lèvres tremblèrent un peu, «si vous écrivez mon histoire, changez les noms s'il vous plaît. La SPCA irait ramasser mes amis. Un chien qui traîne, c'est trop gros, ça n'a aucune chance. Mais des chats, ça se terre, c'est discret, ça attend, c'est tout ce que j'aime et tout ce qui me reste». Elle lui donna son adresse, «j'ai gardé *Châtelaine* pour leur faire de belles nappes. C'est sur papier glacé. Qui sait s'ils m'ont attendue. Je les nourris bien». Il y eut un silence puis elle murmura très distinctement, «l'horreur de toutes les guerres devrait être pensée par la puissance des mots et de l'art, des mots au service de l'art, d'un art au service de la mémoire. J'étais professeur. Je suis à la retraite depuis 17 ans. Qu'est-ce que c'est que cette guerre du Golfe? Une foire? Je n'aime que mes chats. Ne me trahissez pas». Elle tendit la main, «sur la petite étiquette avec mon adresse, T., c'est pour Thérèse, moi c'est Thérèse, et vous?» «Misaël.» «Alors le prochain petit, je l'appellerai comme vous. Correct?» «Merci.» «Un chat, ça ne dit pas merci.»

Fiction? Réalité? Combien de journalistes, et des plus sérieux, tous «de la radio», m'ont-ils joint d'urgence en appelant ci mon éditeur, là l'Union des écrivaines et écrivains québécois, ou là encore directement *Le Devoir* (merci Denise) pour *avoir* le téléphone de Wayne Dixon (alias Dickson, nom inventé), «fouiner» un peu, et en «savoir encore plus» sur le rein perdu d'un jeune homme de 19 ans? La réalité dépasse la fiction depuis toujours, mais quel besoin friand de s'entendre dire les faits de vive voix et pour de vrai? C'est quoi le «pour-de-vrai»? «Ne vous fâchez pas monsieur Lavarre» m'a dit une des journalistes. Depuis le *Carnet 41*, on m'a conté 10, 12, 13 histoires pires que celle de mon Wayne. Le commerce des organes, comme la biographie de Nancy Reagan, ça marche chez Bush.

Comment faire le lien? En allant au Festival des films du monde qui a commencé il y a deux jours? J'ai pris ma place pour Luc De Larochellière le 26 septembre. Plus aucune nouvelle de Michèle Richard, c'est inquiétant. A-t-elle retrouvé les valises de son voyage de noces? «*So long*» dirait la dame du billet de deux piastres. Et qu'en dit Lady Di?

Le 24 août.

Carnet 50

J<small>E RÊVAIS D'UN BEL ÉTÉ</small>. Voilà qu'un orage de printemps a tout gâché. Ce n'est pas grave, ni comique, ni tragique, ni même tragi-comique.

On tombe, on se relève, et patatras un croche-pied, du plus bas au plus haut on recommence, on persiste et signe, les années passent, on se croit attendu, on sait qu'il ne faut rien attendre de qui ou quoi que ce soit mais, le *mais-du-sentiment*, pas celui du sentimental, on continue, on s'y accroche. Et rebelote, faut faire avec le pire, gommer, indifférer, repartir de zéro, trier, classer, ranger, nettoyer, jeter, se bricoler une armure, se dire *ça se peut pas* et *je ne me laisserai jamais plus prendre au piège* ou *c'est fini*, puis on recommence la même histoire, un peu plus alerte, capable d'alerter, un peu plus cogné, pogné, et ainsi de suite, à suivre, jusqu'au jour où l'on doit écrire *suite et fin*, c'est pour bientôt, bientôt un an, c'est pas pire, on se reprendra, comme écrivait l'autre à son frangin dans je ne sais plus quel roman, *t'en fais pas pti frère, il y aura toujours des roses au fond du jardin*.

Question, ça veut dire quoi ce préambule? Réponses possibles, *on est toujours au tout début de tout,* ou *jamais rien n'est acquis,* ou encore *on a les orages que l'on mérite,* ou encore-encore, *être perpétuellement à la première page.* Et à nouveau, la question, ça veut dire quoi au juste? Pour toute réponse, un sourire, comme un signe, comme un partage, tout sauf un sourire qui hausse les épaules.

L'enfant que je fus était capable de commander les rêves et de les reprendre exactement là où il les avait laissés, ou là où ils l'avaient largué. *Ou là où:* faut le faire. Mes rêves ne m'appartiennent plus. Si parfois, à ces lignes, j'ai inspiré de la peur à l'une ou à l'autre, à toi ou à toi, *toi puis moi* comme on dit ici, ce n'est ni en colon ni en conquérant, mais en lointain et proche allié, l'alliance des regards, des émotions, des écoutes, les lumières de la ville, quatre saisons, l'ardeur des provinces et chaque province est un pays en soi, chaque être humain, une solitude partagée ou pas, c'est selon. Chaque lecture est la première de toutes les écritures.

En haut de la lettre reçue au courrier du matin, il y a une phrase découpée dans un journal, *8 % des Français sont incapables de trouver la France sur une mappemonde.* La lettre vient de Tramelan, en Suisse. *Ami, j'aime beaucoup ce genre de statistiques. Elles relèvent du plus grand mystère (comment les tests ont-ils été faits?) et permettent aussi de rêver (et si c'était vrai? ou pire?). La page de B.D. ci-jointe devrait aussi te réjouir. Elle rejoint, par sa description de l'incompréhension entre Paris et la francophonie, l'ouvrage de Schifres* Les Parisiens *que je suis en train de lire. L'ignorance de l'autre, l'igno-*

rance tout court, permet l'autosatisfaction et le fascisme ordinaire. Qui t'irritent, nous le savons, qui t'ont chassé de Paris, mais que tu retrouves partout, à chaque coin du monde. C'est l'ignorance qui permet tous les intégrismes, tous les ghettos. C'est dans ces 8 % (ou plus?) que recrutent les Le Pen, que nous élisons nos parlementaires, que percent les militaires. Au reste, les Suisses n'ont pas ce problème: pour retrouver leur pays, il leur suffit de pointer le doigt sur leur nombril. Et là, ils sont 80 % à le faire. Arme-toi de ta plume. Amitié, Jean-François. Baisers. Odette.

À quoi bon reproduire la bande dessinée intitulée *le problème linguistique québécois* et qui figure ou l'un ou l'autre d'ici, en visite à Paris-la-Sourde-comme-un-pot, demandant où se trouve le Panthéon pour finalement s'exprimer en anglais, *which way is the Pantheon?*

Vraiment, ce n'est plus de mise. C'était peut-être le sujet de ces *Carnets* et leur liberté. On verra. Au Festival des films du monde, *La Demoiselle sauvage* de Léa Pool est venue couronner une œuvre déjà riche et j'en sais quelque chose. Le nouveau film de Léa est pur et dur, vif-argent, un vrai diamant. Il clame irrévocablement la solitude de deux.

Incapable de remplir mon formulaire trimestriel de la TPS, même un comptable y perdrait son chinois, j'ai rédigé une lettre, à part. Comme c'est compliqué d'être numéroté partout. J'ai donc déclaré 21 plus 42, plus 21, soit 84 piastres, avec des mots d'excuse, *sorry Ottawa*. Je n'ai jamais pu lire un mode d'emploi, un contrat ou une de ces déclarations, labyrinthes. Qui perd l'autre en route?

Il faut aller au Musée d'art contemporain, Cité du Havre, voir et revoir l'exposition de photos *Le Corps vacant*. Une fois ne suffit pas. On en a pour son bonheur, la photo, cet art majeur. Il faut se rendre aussi aux Cent jours d'art contemporain de Montréal, 3576 avenue du Parc, pour se faire une fierté d'être québécois de naissance ou d'adoption, québécois du ciel bleu qui claque au vent du nord et québécois de toutes les racines. Silence, beau silence, ici on crée. Du balcon de Montréal, on voit ainsi le monde entier.

L'été carambole. Tout pousse dans le jardin à une vitesse vertigineuse. Une dernière ivresse? L'important, c'est d'y avoir cru, envers et par toutes et tous, contre toute attente en attendant cependant, une perpétuité, un condamné à vivre s'est échappé. L'important, c'est d'y croire encore, malgré toutes et tous, ou la plus grande part d'entre elles et eux. Il y a des rongeurs et des grognons partout, tout miel et subitement tout fiel. C'est dommage. Comment peut-on à la fois priser et mépriser quelqu'un dans le même jardin? Tôt ou tard, et plutôt tôt que tard, il y a de la fourberie dans l'affection, de la tristesse dans l'agression, on vous arrache le cœur (écœurer) et on vous tance de demander pardon. Pardon? La morale, je l'ai laissée sous une soutane contre laquelle on me tenait trop fort, banale initiation. Moraliste, je le suis au point de ne jamais pouvoir ignorer les jaloux, honorer les malins, saluer les méchants.

Depuis le 15 août, le ciel a chaviré. Qu'on le veuille ou non, on subit le compte à rebours. Il y a du vieil or dans la lumière, quelque chose de capiteux dans l'air de la ville qui vous monte à la tête et qui vous fait désirer l'automne et vite l'hiver. Au moins, pendant cette saison-là on sait et on sent pourquoi on est seule ou seul. Et de tout cœur, merci de ne pas lire ici une quelconque amertume. *Ça parle là où ça souffre*, disait Lacan. Il n'y a que les fouineurs et les farfouilleuses pour voir du malheur là où il n'y en a pas et que des paranos pour vous accuser d'être *parano*. Je ne suis pas venu au Québec en visiteur ou en curieux mais pour l'ultime durée: on peut ici être ce que l'on est, contre orages et marées.

Le 31 août.

Carnet 51

L'ÉTÉ, PLUS QUE TOUTE AUTRE SAISON, lui inspirait un sentiment de moisson et de sort. Fiction. *Tante Elsa*, variations sur un thème déjà abordé, *Carnet 27* à l'abordage. Salut Elsa, c'est Misaël. Il n'est jamais trop tôt pour bien faire. Je sais que tu te penches dans mon dos pour lire, au-dessus de mon épaule, ce que je vais et veux t'écrire. Je le sais parce que je le sens. Quand m'as-tu dit, *très vite, les amis qui se disent proches et prêts à t'aider te donneront l'impression que tu les talonnes, que tu les harcèles. Il ne faut rien demander à qui que ce soit, ne rien attendre de qui que ce soit?* J'avais sept ans. Et toi, 37.

Quand m'as-tu dit *la peur te gardera près de toi?* J'avais 10 ans. Et toi 40. L'année de ma première communion. Tu m'avais offert un réveille-matin *made in Japan*. Pour ma première communion on m'a offert sept réveille-matin. C'est le tien que je préférais. Il venait de loin.

Salut Elsa, c'est Misaël. Tu étais la célibataire, la pas-mariée, la plus jeune agrégée d'histoire et géographie de ta génération, les deux matières, alors, allaient de pair. Pour fuir les ragots de la famille ou pour plus joyeusement t'offrir le luxe de saluer pour nous le monde, tu avais choisi de professer partout, Colombo, Tananarive, Buenos Aires, Québec, Dakar, Benares, Lima, Auckland. Chaque année, au printemps, tu nous revenais, rayonnante. Je n'ai de toi que des images souriantes et ton rire, aux éclats, quand très vite, tout de suite?, tu te querellais avec Renzo, mon père, ton frère, pour une peccadille, un détail de l'histoire, le nom d'une région, d'une baie, d'un volcan. Quand m'as-tu dit *tu as le regard rejeté. Gare, ils ne veulent pas de toi. Je connais l'histoire. Si au moins tu pouvais écouter et me croire.* J'avais 13 ans et toi, 43.

À l'âge de sept ans, je te fis pour la première fois l'aveu de mon désir de mourir. C'était au *Luna-Park.* Tu m'as pincé la joue et tu m'as dit *seul l'imaginaire fait vivre* puis, *les témoins ne se suppriment pas.* Jamais une ombre dans ton regard. Je ne t'ai connue qu'à des printemps ou des étés. L'automne tu repartais. L'hiver j'avais droit à une carte postale. Et c'était souvent l'été là où tu enseignais, là d'où tu m'écrivais.

Salut Elsa, rivale animale de Clara, ma mère, ta belle-sœur, c'est Misaël, le roman de toi se serait intitulé *La Rivière enchantée.* Tout se chamaille dans ma tête, parfois, on dit tout, tout de suite, terrible première page. Qui ne l'a jamais écrite, cette page-là? Misaël reprend son texte des exils, s'y tient, s'y contient. Il n'a rien à démontrer. Il montre. C'est comme ça que ça se passe. On commence et puis on s'arrête. C'était quoi *La Rivière enchantée,* et où?

Elsa m'avait prévenu, je ne l'invente pas. Elle avait la force de se moquer des moqueurs, moi pas; de railler les railleurs, moi pas. Elle avait le goût du contraire, non par contrariété, encore moins par superbe. Elle avait toujours raison, c'est tout. Elle s'était échappée de la famille avec gaîté, me sentait désigné et eût souhaité me prévenir. Il y avait de la férocité dans sa bonne humeur, un paradoxe qui à tout propos la protégeait des assauts chagrins. Je n'ai pas su (ou pu) l'écouter: dans ma famille, ce fut tout de suite trop tard. Sa vie privée, *privée de rien* disait-elle en riant, je n'en connais que de vagues détails. Elle aussi, dans les années 50, pensait que la nature se défendrait toute seule. Si elle voyait le carnage, le résultat de tous les marchandages. L'après-midi de sa mort, elle m'a dit *plante un arbre pour moi, un cerisier, ça fait de la neige au printemps. Perpétue les gestes de la famille.*

L'été, plus que toute autre saison, lui inspirait un sentiment de moisson et de sort. Parce qu'il croyait n'avoir plus l'âge d'imaginer encore. Parce qu'on avait construit en détruisant. Parce que la fin du siècle approchait et que le monde était pillé, bradé, floué, piétiné, affamé ou gavé, de plus en plus trompé, saigné, migrant, il n'y avait plus de juste mesure, tout était compromis, soumis à la loi de l'absence d'émoi. Misaël eût tant souhaité pouvoir s'endormir pour ne plus jamais se réveiller. Qui donc lui donnerait la recette d'une douce mort volontaire? Les agonies de Clara, de Renzo, puis d'Elsa l'avaient effrayé. Il n'avait plus personne devant lui et que sa vie à brasser, rebrasser, offrir en partage. Quel usage avait-il fait de ses libertés, lui, les siens, les autres? Tant de liberté gaspillée.

Misaël avait de l'instinct. En cela, du plus grand nombre, il se croyait distinct, distinct des distingués, des certains, des amadoueurs, des biffeurs et des éternels ravis. Dès le printemps et le premier crocus en fleur, il se sentait non plus déprimé mais brusquement opprimé. Il y avait de l'offense dans l'air. Naissait alors un désir de roman comme une tentative. Qu'est-ce qui l'empêchait donc de jouir de chaque jour comme d'un bienfait, de chaque rire comme d'un présent, de chaque nuit comme d'une merveille? Il faisait des rêves somptueux, estivaux, ensoleillés, toujours en villégiature, avec ses parents qu'il ne voyait pas, mais avec eux, ou plus subrepticement à leur recherche, heureux rendez-vous avec eux deux, même si tout se liguait pour qu'il ne les rencontrât pas, la loi de l'émoi? Il vivait des films qu'il ne verrait jamais plus, produits, réalisés, mis en scène pour une seule représentation, une seule nuit, la mémoire, au réveil, effaçait tout. Alors parfois, en plein rêve, parce que c'était beau, encore plus beau que ce qu'il avait vu au cinéma, il allumait la lampe de chevet et, tout ébloui, notait sur un carnet préparé, au crayon, ce qu'il vivait ainsi à l'insu de sa vie de jour, celle que l'on dit vécue.

Deux, trois fois il prit de cette manière des notes mais, à les relire le lendemain, celles-ci tenaient des hiéroglyphes et ne livraient aucun secret. Les questions aux parents n'auraient donc jamais de réponse. Seules subsistaient l'impression vaste des lieux, l'intimité des attentes, la beauté des architectures dans leurs ensembles, la présence de fleuves impassibles, de ponts, de quais, d'embarcadères, et jamais la possibilité de se dire, *c'était là* ou *là*, telle ville, tel fleuve, tel pays, telle année. Le soleil de ces nuits, leur été permanent, redonnait à Misaël la force d'affronter les jours, sa volonté d'en finir et le besoin de se remettre à l'ouvrage, outrage?, qui ne serait jamais assez reconnu. Fiction?

Je ne suis jamais allé si haut dans mes rêves. Ici. Je, il, elle, Misaël, moi, lui, l'autre, tout se confond, ce ne sera jamais assez d'amour, ce sera toujours trop d'isolement. À suivre.

Le 7 septembre.

Carnet 52

SUITE ET FIN. Petit à petit, il se mit à entendre des bruits dont il ne saurait jamais, plus tard, s'ils étaient de dispute ou de passion. Il était bien au chaud, petit poisson, dans sa poche d'eau. Il ne savait pas encore son nom. Recroquevillé sur lui-même, tout à l'emploi de ses doigts de mains et de ses doigts de pieds, nourri, logé, déplacé, couché, cogné, parfois même caressé, il sentait aveuglément que sa présence était à la fois bienvenue et redoutée. Un doute l'habitait plus fort qu'une certitude: ce serait toujours trop tôt, il eût souhaité rester là pour toujours, heurté ou cajolé, à l'abri, sentant en lui se former le cœur qui se mettrait à battre exactement au rythme de celui de la porteuse, sa mère. Pour un peu, il n'aurait plus bougé du tout et se serait, première utopie, tenu là, rien que là, une éternité. Plus tard, dans son sommeil, il se retrouverait au détour d'un rêve aquatique, pelotonné sous les draps, au fond du lit. Livré au monde, on lui avait volé le plus beau de sa vie, une étreinte, la seule et unique possible, et un entendement. Un ami de passage lui dira plus tard, beaucoup plus tard, était-ce Germain ou Sam, *où vas-tu quand tu dors?* Il répondra, *je vais en elle. Qui? Ma porteuse, elle me trimbale encore.*

Petit à petit, il se mit à écouter les bruits et à obscurément les distinguer. Il y avait d'abord la voix de la poche, la voix des parois, la voix enveloppante de celle qui le délivrerait, Clara, la mère, l'hôtelière; la soie de ses mots quand elle se parlait à elle-même, *mon Dieu, qu'ai-je fait pour mériter cela?* ou, *je l'aime et il ne veut pas le comprendre*; le sifflement de ses soupirs; les brusques saccades lorsqu'elle riait parce que les aînés l'amusaient; les turbulences de ses sanglots, sac et ressac de sa respiration lorsqu'elle prenait un repos, il sentait alors de grandes mains, plaquées sur la poche, ça tanguait un peu, il était couché en elle, avec elle, et pour l'immensité de cette veille qu'il ne retrouverait jamais telle qu'en eau première, il eût donné tout le restant de sa vie; *non, non* criait-elle, qui donc, l'autre, le propriétaire, Renzo?, la secouait comme un jouet et le son, en écho, devenait rugueux, dardant, à faire éclater une tête qu'il redoutait trop grosse, trop lourde, noyautée de défauts qui se nouaient en caillots à chaque gifle, à chaque violence, était-ce donc cela la passion, subir et ne rien dire?; l'ondoiement quand elle fredonnait une chanson; les vibrations quand, calée, et lui si confortablement assis au premier rang, elle jouait du piano, une des sonates de Diabelli, de celles-là qu'elle lui fera déchiffrer plus tard. La mémoire n'invente pas, elle précède, elle devance, elle est toujours là, en fin de parcours, pour avoir le premier mot et donner le signal du départ.

Une voix donc le drapait dans laquelle il se contenait, bien au chaud, têtard qui deviendrait grand, dauphin qui apprit à se débattre. Clara disait alors *il bouge*, il aimait ce *il bouge* et cherchait la position du plongeon, la tête la première alors que tout, confusément, le tout des bruits des autres, lui criait de ne pas naître, peut-être de s'étrangler avant. Seulement il voulait voir Clara et celui qu'elle appelait Renzo.

Il y avait tant de bruits distincts. Les cris, pleurs ou piaillements des aînés qui se chamaillaient; le tam-tam des coups de pied reçus lorsque Clara prenait ou l'un ou l'autre dans ses bras pour les calmer, ou consoler, terribles coups dans la poche, il arrivait à Clara de crier *pourquoi as-tu fait ça?* ou, *tu lui fais mal!*; la voix filante d'Angeline à l'heure des repas, le tintement des verres et le bruit des cuillères dans les bols, une horloge sonnait deux fois de suite les heures. Il y avait la voix vrillante de Madame-mère, la Reine-mère, la Bonne-maman, la mère de Renzo, et les rires éclatants d'Elsa, la sœur aînée du père, *ma bonne Clara, quelle idée d'avoir un enfant quand la guerre vient d'être déclarée.* Le mot *guerre* vibrait autrement. Et quand il n'y avait plus de voix, plus de bruits, il bougeait un peu, pas trop, juste ce qu'il faut, pour dire à Clara qu'elle n'était pas seule et qu'ils étaient deux.

Au grand gala du ventre de Clara il y avait, dans la gestation de cette naissance, comme une mort déjà, une bienfaisance. Et lui, petit intrus, ne faisait que flotter, à l'emploi de deux et à la surveillance du dangereux ombilic. Il ne savait pas où il allait, mais il irait. Il y avait en lui de l'explorateur. Les phrases, à l'exprimer, plus tard, lui joueraient le tour de l'inconcevable, et pourtant, l'exploit de ses rêves, 50 ans et 52 *Carnets* durant, presque toute une vie, l'avait toujours ramené à l'outre première, dont il avait été expulsé comme d'une patrie avec défense d'y rentrer. L'exil n'est pas une chose matérielle.

À l'écoute donc, le petit nageur se fera, par coups et vibrations, une piètre opinion du genre humain. Qui était cette *Rebecca*, cette *petite sœur* attendue, promise aux aînés et dont Renzo parlait avec certitude? C'était bon quand Clara allait en promenade, doux balancement, berceuse, le séjour serait forcément trop court et il serait toujours trop tôt pour ouvrir les yeux. Les bruits suffisaient à l'alerte. Il avait Clara pour lui tout seul et il goûtait l'étroitesse du lieu, la force du lien, l'immensité de cet océan, jusqu'à l'âcreté de cette aveugle intimité. Et s'il avait pu *dire*, bruit émanant de lui, il eût prononcé un *garde-moi pour toujours*. De cette plénitude, après, plus tard, détaché, arraché, fou et fier d'attachement, il sera perpétuellement question, éternel retour, chanson de l'embryon, une adoration.

Tout cela, il le sut après et pourtant il le sentait déjà, et l'apprit pendant, se gardant bien, englouti, de se pendre au cordon, les mains sur les lèvres, tendant une jambe ou l'autre, tournant sur lui-même. Et plus tard, l'image des premiers cosmonautes le rendra presque nostalgique, tant cela lui rappellera l'univers premier sans qu'il admette, parce que jeune encore, qu'un tel constat puisse être recevable. Une vie durant, ce ne serait jamais aussi plein, aussi beau et bon, aussi étreint que pendant ces mois de transport. Ce n'est que tard, très tard, à Montréal, la veille d'un samedi de septembre, un vendredi 13?, qu'il osera l'écrire, *il y avait de l'enchantement à être totalement dans quelqu'un, à ne pas paraître encore, à faire durer le désir, douceur ou douleur, une fusion, une effusion avant la confusion de la grande route de vie avec ses hordes d'oublieux et ses quelques fidèles.*

Il naquit, comme des milliards d'autres avant lui. C'était le premier jour de l'automne, un 24. Célestine, cousine d'Angeline, sage-femme, l'avait extirpé entre les deux sonneries de cinq heures du matin. *C'est un garçon, madame Clara.* On n'avait pas prévu de prénom pour lui. Lui. À cette ligne, il naissait encore. Tybalt dit, «c'était trop beau pour être faux». Tibère de Rachel Est répond, «c'était trop bon pour être vrai». Bonjour.

Le 14 septembre.

CET OUVRAGE
COMPOSÉ EN PALATINO 12 POINTS SUR 14
A ÉTÉ ACHEVÉ D'IMPRIMER LE VINGT FÉVRIER
MIL NEUF CENT QUATRE-VINGT-DOUZE
PAR LES TRAVAILLEURS ET TRAVAILLEUSES
DES PRESSES DE L'IMPRIMERIE GAGNÉ
À LOUISEVILLE
POUR LE COMPTE DE
VLB ÉDITEUR.

IMPRIMÉ AU QUÉBEC (CANADA)